THE PRINCE OF EGYPT

הגדה של פסח

FAMILY PASSOVER HAGGADAH

DESIGN AND SUPPLEMENTAL ARTWORK
BY
MICHEL S. SCHWARTZ

NOTES BY RABBI REUVEN FRANK

Traditional Haggadah Text

Published by **CIRCA PRESS, Inc.** in cooperation with NCSY

Published and Distributed by
CIRCA PRESS, Inc., in cooperation with NCSY
333 Seventh Avenue, New York, NY 10001

All images are from the DreamWorks motion picture ***THE PRINCE OF EGYPT*** except as noted below.
Hebrew alphabet illustrated by Michel S. Schwartz
Supplemental illustrations by Michel S. Schwartz appear on the following pages: 6, 7, 12, 69, 70, 71, 72, 73, 74, 75

ISBN: 1-892731-17-7
ISBN: 1-892731-18-5

Art Director: Josef Tocker
Project Coordinator: Ricky Magder

INTRODUCTION

The Torah in retracing the Jewish journey from slavery in Egypt to freedom, commands us "and you shall tell your children" all that had transpired. This commandment led to the formulation of the PASSOVER HAGGADAH. The root of the Hebrew word "haggadah" is translated as, "to tell, recount or transmit." The Haggadah, therefore, has been created as the vehicle for transmitting messages of slavery, freedom, salvation and faith that frame the discussions around the Seder Table.

How should we retell the story in a manner that will engender lively discussions around the Seder Table? For centuries the format of questions and answers has successfully recreated the Seder into a laboratory of thought and opinion. Responses are elicited not only from the text of the Haggadah but from our contemporary evaluations of the challenges that we face.

For the younger people at our table we change the "order" of the conventional festive meal so that they will ask "why?" From the discussion of the "Seder Plate" through the prayer of "Next Year in Jerusalem", the participants are encouraged to search for the relevance and meaning of the evening. For those further schooled in thought and reasoning, the Seder is the opportunity for us to challenge one another as we strive to strengthen the bond between God and His People.

For many *The Prince of Egypt* has reawakened us to the story of the Exodus. Along with that reawakening comes the search to explore the role of God in shaping history and our lives. We are pleased therefore to present the Family Haggadah, with stunning illustrations from the DreamWorks motion picture, replete with suggested questions that may be used to generate meaningful discussion around the Seder Table. It is our hope that the timeless Haggadah text and the dramatic artistry of *The Prince of Egypt* production inspire us toward deeper faith and devotion.

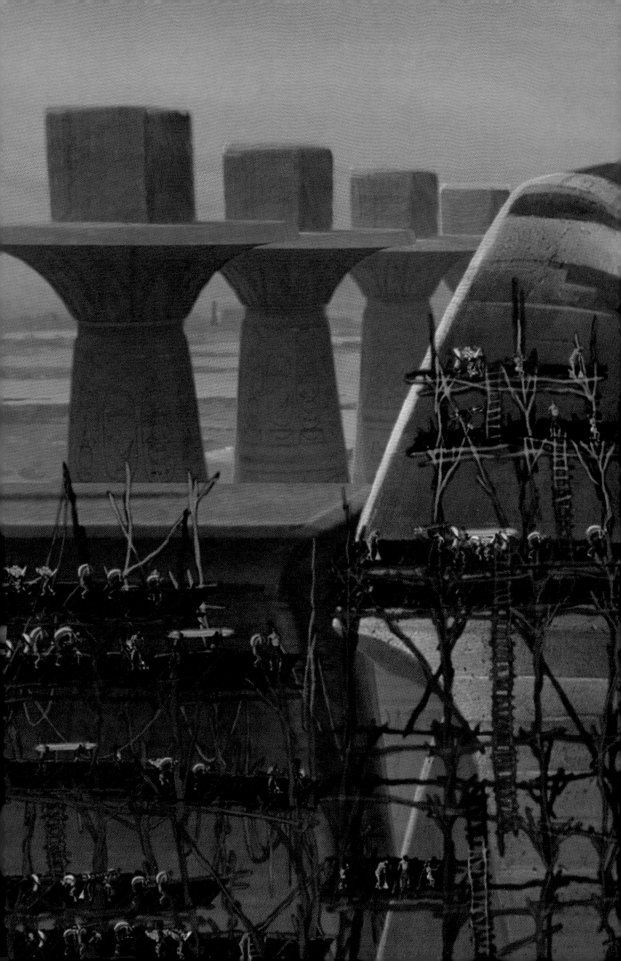

Passover Seder Symbols and Rituals

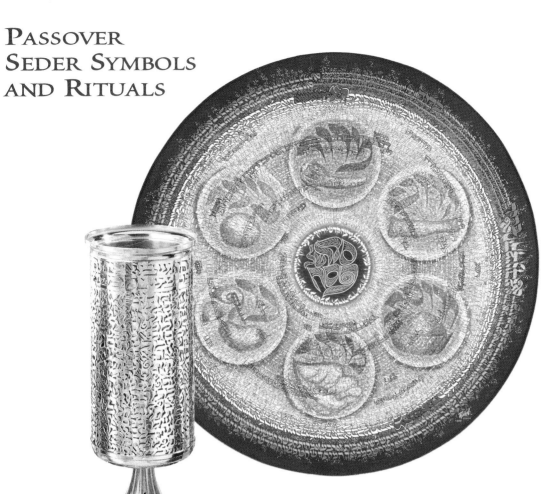

Cup of Eliyahu

A special cup, usually decorated with fine artistry, hancrafted in gold and silver, is set aside on the table for the Prophet Eliyahu, filled to the brim. In the course of the Seder, the door will be opened, usually by children, to admit *Eliyahu Hanavi* into the festive home.

A cup for wine is provided for every participant of the Passover Seder. This cup will be filled four times during the course of the Seder. These four cups symbolize the four methods used by God "to bring us forth from Egypt" with a mighty hand, and outstretched arm, with awesome terror, and with miraculous signs and wonders.

The Seder Plate

The Seder preparations should be made in time for the Seder to begin as soon as synagogue services are finished. It should not begin before nightfall, however. Matzah, bitter herbs and several other items of symbolic significance are placed on the Seder plate in the arrangement shown above.

MATZAH – Three whole matzos are placed one atop the other, separated by a cloth or napkin, placed near the Seder plate. Matzah must be eaten three times during the Seder: once by itself, second with maror, and third as the afikoman.

MAROR and **CHAZERES** – Bitter herbs are eaten twice during the Seder, once by themselves and a second time with matzah. Several vegetables qualify as Maror, two of which are put on the Seder plate. Most people use romaine lettuce for Chazeres, and horseradish for Maror.

CHAROSES – A mixture of grated apples, nuts and cinnamon, mixed with sweet red wine. The charoses has the appearance of mortar to symbolize the mortar used by the Jews in the construction of the cities, palaces and monuments for the Pharaohs.

Z'ROA (Roasted Shankbone) and **BEITZAH** (Roasted egg) – On the eve of Passover in the Holy Temple in Jerusalem, two sacrifices were offered and their meat roasted and eaten at the Seder feast. The egg, a symbol of mourning, also dipped in salt water, is used as a reminder of our mourning at the destruction of the Temple.

KARPAS – A vegetable (celery, parsley, boiled potato) other than bitter herbs. At a specified time of the Seder, it is dipped in salt water and eaten.

LIGHTING THE CANDLES

The candles are lit and the following blessings are recited. When Yom Tov falls on the Sabbath, the words in parentheses are added.

בָּרוּךְ אַתָּה יהוה אֱלֹהֵינוּ מֶלֶךְ הָעוֹלָם,
אֲשֶׁר קִדְּשָׁנוּ בְּמִצְוֹתָיו, וְצִוָּנוּ
לְהַדְלִיק נֵר שֶׁל [שַׁבָּת וְשֶׁל] יוֹם טוֹב.

BLESSED are You, our God, King of the universe, Who has sanctified us with His commandments and commanded us to kindle the flame of the (Sabbath and the) festival.

בָּרוּךְ אַתָּה יהוה אֱלֹהֵינוּ מֶלֶךְ הָעוֹלָם,
שֶׁהֶחֱיָנוּ וְקִיְּמָנוּ וְהִגִּיעָנוּ לַזְּמַן הַזֶּה.

BLESSED are You, our God, King of the universe, Who has kept us alive, sustained us, and brought us to this season.

ORDER OF THE SEDER

WASH HANDS 2 ורחץ URECHATZ	RECITE THE KIDDUSH 1 קדש KADESH
BREAK MIDDLE MATZAH 4 יחץ YACHATZ	EAT VEGETABLES 3 כרפס KARPAS
WASH HANDS 6 רחצה RACHTZAH	TELL THE STORY 5 מגיד MAGGID
BITTER HERBS 8 מרור MAROR	MATZAH 7 מוציא/מצה MOTZI / MATZAH
SEDER MEAL IS SERVED 10 שלחן עורך SHULCHAN ORECH	SANDWICH 9 כורך KORECH
GRACE AFTER MEAL 12 ברך BARECH	EAT AFIKOMAN 11 צפון TZAFUN
END OF SEDER 14 נרצה NIRTZAH	HALLEL 13 הלל HALLEL

The word "Seder" is Hebrew for "Order."

Question:
Why are the order and structure important parts of the evening?

Clue:
Do events that seem completely unrelated sometimes come together in the end?

Question:
Why do we read or sing the "Table of Contents" for the entire Seder before we even begin?

Clue:
Might we also be looking for some sort of order? How important is it to see patterns (or create our own), rather than leave events unconnected?

KADESH

All Sabbath and Festival meals begin with the blessing over a cup of wine.

Question:
What makes the Seder meal different?

Clue:
How many cups do we drink tonight? What does the drinking of wine signify?

1. RECITE THE KIDDUSH — KADESH קדש

Kiddush should be recited and the *Seder* begun as soon after synagogue services as possible — however, not before nightfall. Each participant's cup should be poured by someone else to symbolize the majesty of the evening, as though each participant had a servant.

On Friday night begin here:

(And there was evening and there was morning)

THE SIXTH DAY. Thus the heavens and the earth were finished, and all their array. On the seventh day God completed His work which He had done, and He abstained on the seventh day from all His work which He had done. God blessed the seventh day and hallowed it, because on it He abstained from all His work which God created to make.

(וַיְהִי עֶרֶב וַיְהִי בֹקֶר)

יוֹם הַשִּׁשִּׁי: וַיְכֻלּוּ הַשָּׁמַיִם וְהָאָרֶץ וְכָל צְבָאָם. וַיְכַל אֱלֹהִים בַּיּוֹם הַשְּׁבִיעִי מְלַאכְתּוֹ אֲשֶׁר עָשָׂה, וַיִּשְׁבֹּת בַּיּוֹם הַשְּׁבִיעִי מִכָּל מְלַאכְתּוֹ אֲשֶׁר עָשָׂה. וַיְבָרֶךְ אֱלֹהִים אֶת יוֹם הַשְּׁבִיעִי וַיְקַדֵּשׁ אֹתוֹ, כִּי בוֹ שָׁבַת מִכָּל מְלַאכְתּוֹ אֲשֶׁר בָּרָא אֱלֹהִים לַעֲשׂוֹת.

On all nights other than Friday, begin here; on Friday night include all passages in parentheses.

By your leave, my masters and teachers:

סַבְרִי מָרָנָן וְרַבָּנָן וְרַבּוֹתַי:

BLESSED are You, our God, King of the universe, Who creates the fruit of the vine. (all respond: Amen)

בָּרוּךְ אַתָּה יהוה אֱלֹהֵינוּ מֶלֶךְ הָעוֹלָם, בּוֹרֵא פְּרִי הַגָּפֶן. (אָמֵן)

BLESSED are You, our God, King of the universe, Who has chosen us from among all nations, exalted us above all tongues, and sanctified us with His commandments. And You, our God, have lovingly given us, (Sabbaths for rest), and appointed times for gladness, feasts and season for joy, this day of (Sabbath and this day of) the Festival of Matzos, the season of our freedom, (in love,) a holy convocation in memory of the Exodus from Egypt. For You have chosen us and sanctified us above all peoples, (and the Sabbath) and Your holy festivals (in love and favor), in gladness and joy have You granted us as a heritage. Blessed are You, Who sanctifies (the Sabbath), Israel, and the festive seasons. (all respond: Amen)

בָּרוּךְ אַתָּה יהוה אֱלֹהֵינוּ מֶלֶךְ הָעוֹלָם, אֲשֶׁר בָּחַר בָּנוּ מִכָּל עָם, וְרוֹמְמָנוּ מִכָּל לָשׁוֹן, וְקִדְּשָׁנוּ בְּמִצְוֹתָיו. וַתִּתֶּן לָנוּ יהוה אֱלֹהֵינוּ בְּאַהֲבָה (שַׁבָּתוֹת לִמְנוּחָה וּ)מוֹעֲדִים לְשִׂמְחָה, חַגִּים וּזְמַנִּים לְשָׂשׂוֹן, אֶת יוֹם (הַשַּׁבָּת הַזֶּה וְאֶת יוֹם) חַג הַמַּצּוֹת הַזֶּה, זְמַן חֵרוּתֵנוּ (בְּאַהֲבָה) מִקְרָא קֹדֶשׁ, זֵכֶר לִיצִיאַת מִצְרָיִם, כִּי בָנוּ בָחַרְתָּ וְאוֹתָנוּ קִדַּשְׁתָּ מִכָּל הָעַמִּים, (וְשַׁבָּת) וּמוֹעֲדֵי קָדְשֶׁךָ (בְּאַהֲבָה וּבְרָצוֹן) בְּשִׂמְחָה וּבְשָׂשׂוֹן הִנְחַלְתָּנוּ. בָּרוּךְ אַתָּה יהוה, מְקַדֵּשׁ (הַשַּׁבָּת וְ)יִשְׂרָאֵל וְהַזְּמַנִּים. (אָמֵן)

On Saturday night, add the following two paragraphs:

BLESSED are You, our God, King of the universe, Who creates the illumination of the fire. (all respond: Amen)

בָּרוּךְ אַתָּה יהוה אֱלֹהֵינוּ מֶלֶךְ הָעוֹלָם, בּוֹרֵא מְאוֹרֵי הָאֵשׁ. (אָמֵן)

BLESSED are You, our God, King of the universe, Who distinguishes between the sacred and secular, between light and darkness, between Israel and the nations, between the seventh day and the six days of activity. You have distinguished between the holiness of the Sabbath and the holiness of a Festival, and have sanctified the seventh day above the six days of activity. You have distinguished and sanctified Your nation Israel, with Your holiness. Blessed are You, Who distinguishes between holiness and holiness. (all respond: Amen)

בָּרוּךְ אַתָּה יהוה אֱלֹהֵינוּ מֶלֶךְ הָעוֹלָם, הַמַּבְדִּיל בֵּין קֹדֶשׁ לְחוֹל, בֵּין אוֹר לְחֹשֶׁךְ, בֵּין יִשְׂרָאֵל לָעַמִּים, בֵּין יוֹם הַשְּׁבִיעִי לְשֵׁשֶׁת יְמֵי הַמַּעֲשֶׂה. בֵּין קְדֻשַּׁת שַׁבָּת לִקְדֻשַּׁת יוֹם טוֹב הִבְדַּלְתָּ, וְאֶת יוֹם הַשְּׁבִיעִי מִשֵּׁשֶׁת יְמֵי הַמַּעֲשֶׂה קִדַּשְׁתָּ, הִבְדַּלְתָּ וְקִדַּשְׁתָּ אֶת עַמְּךָ יִשְׂרָאֵל בִּקְדֻשָּׁתֶךָ. בָּרוּךְ אַתָּה יהוה, הַמַּבְדִּיל בֵּין קֹדֶשׁ לְקֹדֶשׁ. (אָמֵן)

On all nights conclude here. One should bear in mind that this blessing applies to all observances of the Seder. Women who recited this blessing at candle-lighting should not repeat it now.

BLESSED are You, our God, King of the universe, Who has kept us alive, sustained us, and brought us to this season. (all respond: Amen)

בָּרוּךְ אַתָּה יהוה אֱלֹהֵינוּ מֶלֶךְ הָעוֹלָם, שֶׁהֶחֱיָנוּ וְקִיְּמָנוּ וְהִגִּיעָנוּ לַזְּמַן הַזֶּה. (אָמֵן)

The wine should be drunk without delay while reclining on the left side. It is preferable to drink the entire cup, but at the very least, most of the cup should be drained.

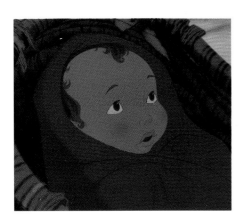

River, o river, flow gently for me.
Such precious cargo you bear.
Do you know somewhere
he can live free?
River, deliver him there…

Lyrics from "The Prince of Egypt"

2. WASH HANDS URECHATZ ורחץ

Participants in the Seder wash their hands in preparation for the vegetable we are about to eat.

3. EAT VEGETABLES KARPAS כרפס

All participants take a vegetable other than the bitter herb and dip it into salt water. The following blessing is recited (with the intention that it also applies to the *maror* which will be eaten during the meal) before the vegetable is eaten.

בָּרוּךְ אַתָּה יהוה אֱלֹהֵינוּ מֶלֶךְ הָעוֹלָם, בּוֹרֵא פְּרִי הָאֲדָמָה. (אָמֵן.)

BLESSED are You, our God, King of the universe, Who creates the fruit of the soil.

(all respond: Amen)

Baruch atah Adonai Elohaynu melech ha-olam bo-ray p'riy ha-adamah.

4. DIVIDE MATZOS YACHATZ יחץ

The head of the household breaks the middle matzah in two, then puts the smaller part back between the two whole matzos, and wraps up the larger part for later use as the afikoman toward the end of the Seder.

Question:
Why hide the larger piece of matzah?

Clue:
What would a poor slave do if he didn't know where his next meal was coming from?

MAGGID מַגִּיד

The broken matzah is lifted for all to see as the head of the household begins with the following brief explanation of the proceedings.

הָא לַחְמָא עַנְיָא דִּי אֲכָלוּ אַבְהָתָנָא בְּאַרְעָא דְמִצְרָיִם. כָּל דִּכְפִין יֵיתֵי וְיֵכוֹל, כָּל דִּצְרִיךְ יֵיתֵי וְיִפְסַח. הָשַׁתָּא הָכָא, לְשָׁנָה הַבָּאָה בְּאַרְעָא דְיִשְׂרָאֵל. הָשַׁתָּא עַבְדֵי, לְשָׁנָה הַבָּאָה בְּנֵי חוֹרִין.

The second of the four cups of wine is poured. It is customary that the youngest present asks the reasons for the unusual proceedings of the evening.

מַה נִּשְׁתַּנָּה

הַלַּיְלָה הַזֶּה מִכָּל הַלֵּילוֹת?

שֶׁבְּכָל הַלֵּילוֹת

אָנוּ אוֹכְלִין חָמֵץ וּמַצָּה,

הַלַּיְלָה הַזֶּה – **כֻּלּוֹ מַצָּה.**

שֶׁבְּכָל הַלֵּילוֹת

אָנוּ אוֹכְלִין שְׁאָר יְרָקוֹת,

הַלַּיְלָה הַזֶּה – **מָרוֹר.**

שֶׁבְּכָל הַלֵּילוֹת

אֵין אָנוּ מַטְבִּילִין אֲפִילוּ פַּעַם אֶחָת,

הַלַּיְלָה הַזֶּה – **שְׁתֵּי פְעָמִים.**

שֶׁבְּכָל הַלֵּילוֹת

אָנוּ אוֹכְלִין בֵּין יוֹשְׁבִין וּבֵין מְסֻבִּין,

הַלַּיְלָה הַזֶּה – **כֻּלָּנוּ מְסֻבִּין.**

Question:
How can those in need benefit from the Seder?

Clue:
Are needs only physical? What message are we sending (to others or to ourselves) when we invite the hungry to join us?

Question:
Why are children such an important focus of the Seder?

Clue:
Is our Seder more about the past, or about the future? How do we assure the continuity of our history?

According to tradition, the Four Questions must be asked, even if no small children are present, and everyone knows the answers.

Question:
Why should questioning be a theme of the evening?

Clue:
Do we gain more from hearing answers, or discovering them ourselves? Should we limit ourselves to the Four Questions?

The broken matzah is lifted for all to see as the head of the household begins with the following brief explanation of the proceedings.

THIS is the bread of affliction that our fathers ate in the land of Egypt. Whoever is hungry — let him come and eat. Whoever is needy — let him come and celebrate Passover! Now, we are here; next year may we be in the Land of Israel! Now, we are slaves; next year may we be free people!

The second of the four cups of wine is poured.
It is customary that the youngest present asks the reasons for the unusual proceedings of the evening.

Why is this night different from all other nights?

1. On all other nights
we may eat chametz and matzah,
but on this night — **only matzah.**

2. On all other nights
we eat many vegetables,
but on this night — **we eat bitter herbs.**

3. On all other nights
we do not customarily dip our food
even once,
but on this night — **twice.**
(the vegetable in salt water
and the bitter herb in the charoses).

4. On all other nights
we eat either sitting or reclining,
but on this night — **we all recline.**

Question:
Are we indeed enslaved today?

Clue:
Do we control our day or does our schedule control us? Do we have the freedom of time to explore or are we pressed by deadlines?

Question:
If we are in a celebratory mood, why eat unleavened bread (matzah)? Let's eat pastries instead!

Clue:
Does food create the joy or does the opportunity for commemoration enhance our celebration?

The matzos are kept uncovered as the Haggadah is recited in unison.

Question:
Why isn't Moses mentioned in the Haggadah? Didn't he lead us to freedom?

Clue:
Who redeemed us from slavery and delivered us to the Promised Land? Was Moses a mover or an agent?

Question:
After thousands of years would we still be slaves?

Clue:
If we were redeemed by Pharaoh and not by God, to whom would we be beholden forever? Is there more than one definition of slavery?

עֲבָדִים הָיִינוּ לְפַרְעֹה בְּמִצְרָיִם,
וַיּוֹצִיאֵנוּ יהוה אֱלֹהֵינוּ מִשָּׁם בְּיָד חֲזָקָה וּבִזְרוֹעַ
נְטוּיָה. וְאִלּוּ לֹא הוֹצִיא הַקָּדוֹשׁ בָּרוּךְ הוּא אֶת
אֲבוֹתֵינוּ מִמִּצְרָיִם, הֲרֵי אָנוּ וּבָנֵינוּ וּבְנֵי בָנֵינוּ
מְשֻׁעְבָּדִים הָיִינוּ לְפַרְעֹה בְּמִצְרָיִם. וַאֲפִילוּ כֻּלָּנוּ
חֲכָמִים, כֻּלָּנוּ נְבוֹנִים, כֻּלָּנוּ זְקֵנִים, כֻּלָּנוּ יוֹדְעִים אֶת
הַתּוֹרָה, מִצְוָה עָלֵינוּ לְסַפֵּר בִּיצִיאַת מִצְרָיִם. וְכָל
הַמַּרְבֶּה לְסַפֵּר בִּיצִיאַת מִצְרָיִם, הֲרֵי זֶה מְשֻׁבָּח.

16

WE WERE SLAVES TO PHARAOH IN EGYPT,
but our God took us out from there with a mighty hand
and an outstretched arm. Had not the Holy One,
Blessed is He, taken our fathers out from Egypt, then
we, our children, and our children's children would still
be subservient to Pharaoh in Egypt. Even if we were all
men of wisdom, understanding, experience, and knowl-
edge of the Torah, upon us it would still be an oblig-
ation to tell about the Exodus from Egypt. The more one
tells about the Exodus, the more he is praiseworthy.

מַעֲשֶׂה בְּרַבִּי אֱלִיעֶזֶר וְרַבִּי יְהוֹשֻׁעַ וְרַבִּי אֶלְעָזָר בֶּן עֲזַרְיָה וְרַבִּי עֲקִיבָא וְרַבִּי טַרְפוֹן שֶׁהָיוּ מְסֻבִּין בִּבְנֵי בְרַק, וְהָיוּ מְסַפְּרִים בִּיצִיאַת מִצְרַיִם כָּל אוֹתוֹ הַלַּיְלָה. עַד שֶׁבָּאוּ תַלְמִידֵיהֶם וְאָמְרוּ לָהֶם, רַבּוֹתֵינוּ הִגִּיעַ זְמַן קְרִיאַת שְׁמַע שֶׁל שַׁחֲרִית.

אָמַר רַבִּי אֶלְעָזָר בֶּן עֲזַרְיָה, הֲרֵי אֲנִי כְּבֶן שִׁבְעִים שָׁנָה, וְלֹא זָכִיתִי שֶׁתֵּאָמֵר יְצִיאַת מִצְרַיִם בַּלֵּילוֹת, עַד שֶׁדְּרָשָׁהּ בֶּן זוֹמָא, שֶׁנֶּאֱמַר, לְמַעַן תִּזְכֹּר אֶת יוֹם צֵאתְךָ מֵאֶרֶץ מִצְרַיִם כֹּל יְמֵי חַיֶּיךָ. [1] יְמֵי חַיֶּיךָ הַיָּמִים, כֹּל יְמֵי חַיֶּיךָ הַלֵּילוֹת. וַחֲכָמִים אוֹמְרִים, יְמֵי חַיֶּיךָ הָעוֹלָם הַזֶּה, כֹּל יְמֵי חַיֶּיךָ לְהָבִיא לִימוֹת הַמָּשִׁיחַ.

Question:
Why did the Rabbis spend so much time discussing the Passover story? Why not just read the Haggadah?

Clue:
When you have a meaningful experience to tell, do you include every detail? How central to the Jewish experience is the Passover story? Why is it mentioned at the very beginning of the Ten Commandments?

IT HAPPENED that **Rabbi Eliezer, Rabbi Yeho-shua, Rabbi Elazar ben Azaryah, Rabbi Akiva, and Rabbi Tarfon** were reclining (at the Seder) in Bnei Brak. They discussed the Exodus from Egypt all that night, until their students came and said to them: "Our teachers, it is [daybreak] time for the reading of the morning Shema."

SAID Rabbi Elazar ben Azaryah: "I am like a 70-year-old man, but I could not succeed in having the Exodus from Egypt mentioned every night, until Ben Zoma expounded it: It says: 'So that you will remember the day of your departure from the land of Egypt all the days of your life.'[1] 'The days of your life'' indicates the days. 'All the days of your life' indicates the nights. The other Sages say, 'the days of your life' indicates the world in its present state. 'All the days of your life' includes the days of Mashiach.

(1) *Deuteronomy* 16:3.

בָּרוּךְ הַמָּקוֹם, בָּרוּךְ הוּא. בָּרוּךְ שֶׁנָּתַן תּוֹרָה לְעַמּוֹ יִשְׂרָאֵל, בָּרוּךְ הוּא. כְּנֶגֶד אַרְבָּעָה בָנִים דִּבְּרָה תוֹרָה: אֶחָד **חָכָם**, וְאֶחָד **רָשָׁע**, וְאֶחָד **תָּם**, וְאֶחָד **שֶׁאֵינוֹ יוֹדֵעַ לִשְׁאוֹל**.

חָכָם מָה הוּא אוֹמֵר? מָה הָעֵדֹת וְהַחֻקִּים וְהַמִּשְׁפָּטִים אֲשֶׁר צִוָּה יהוה אֱלֹהֵינוּ אֶתְכֶם?[1] וְאַף אַתָּה אֱמָר לוֹ כְּהִלְכוֹת הַפֶּסַח, אֵין מַפְטִירִין אַחַר הַפֶּסַח אֲפִיקוֹמָן.

רָשָׁע מָה הוּא אוֹמֵר? מָה הָעֲבֹדָה הַזֹּאת לָכֶם?[2] לָכֶם וְלֹא לוֹ, וּלְפִי שֶׁהוֹצִיא אֶת עַצְמוֹ מִן הַכְּלָל, כָּפַר בְּעִקָּר — וְאַף אַתָּה הַקְהֵה אֶת שִׁנָּיו וֶאֱמָר לוֹ, בַּעֲבוּר זֶה עָשָׂה יהוה לִי בְּצֵאתִי מִמִּצְרָיִם.[3] לִי וְלֹא לוֹ, אִלּוּ הָיָה שָׁם לֹא הָיָה נִגְאָל.

תָּם מָה הוּא אוֹמֵר? מַה זֹּאת? וְאָמַרְתָּ אֵלָיו, בְּחֹזֶק יָד הוֹצִיאָנוּ יהוה מִמִּצְרַיִם מִבֵּית עֲבָדִים.[4]

וְשֶׁאֵינוֹ יוֹדֵעַ לִשְׁאוֹל, **אַתְּ פְּתַח לוֹ.** שֶׁנֶּאֱמַר, וְהִגַּדְתָּ לְבִנְךָ בַּיּוֹם הַהוּא לֵאמֹר, בַּעֲבוּר זֶה עָשָׂה יהוה לִי בְּצֵאתִי מִמִּצְרָיִם.[3]

Question:
Are there four sons or perhaps just one with different traits at different stages of life?

Clue:
Am I the same as I have always been? Am I more than one kind of person?

Question:

Is it right that one son should be called wicked just because he removes himself from the community? Isn't independence important?

Clue:

Do we lose our identities by identifying with a community or collective? Can there be a Jewish people without principles, goals and commitments that we are all pledged to? How important is it to belong?

BLESSED is the Omnipresent; blessed is He. Blessed is the One Who has given the Torah to His people Israel; blessed is He. Concerning four sons does the Torah speak: **A wise one, a wicked one, a simple one,** and **one who is unable to ask.**

THE WISE SON — what does he say? "What are the testimonies, decrees, and ordinances which, our God, has commanded you?"[1] Therefore, explain to him the laws of the Passover offering: that one may not eat dessert after the final taste of the Passover offering.

THE WICKED SON — what does he say? "Of what purpose is this work to you?"[2] "To you," thereby excluding himself. By excluding himself from the community of believers, he denies the basic principle of Judaism. Therefore, blunt his teeth and tell him: "It is because of this that God did so for me when I went out of Egypt."[3] "For me," but not for him — had he been there, he would not have been redeemed.

THE SIMPLE SON — what does he say? "What is this?" Tell him: "God took us out of Egypt, from the house of slaves, by strength of hand."[4]

AS FOR THE SON WHO IS UNABLE TO ASK, you must initiate the subject for him, as it is stated: "And you shall tell your son on that day, saying, 'It is because of this that God did so for me when I went out of Egypt.' "[3]

---

(1) *Deuteronomy* 6:20. (2) *Exodus* 12:26. (3) 13:8. (4) 13:14.

יָכוֹל מֵרֹאשׁ חֹדֶשׁ, תַּלְמוּד לוֹמַר בַּיּוֹם הַהוּא. אִי בַּיּוֹם הַהוּא, יָכוֹל מִבְּעוֹד יוֹם, תַּלְמוּד לוֹמַר בַּעֲבוּר זֶה. בַּעֲבוּר זֶה לֹא אָמַרְתִּי אֶלָּא בְּשָׁעָה שֶׁיֵּשׁ מַצָּה וּמָרוֹר מֻנָּחִים לְפָנֶיךָ.

מִתְּחִלָּה, עוֹבְדֵי עֲבוֹדָה זָרָה הָיוּ אֲבוֹתֵינוּ, וְעַכְשָׁו קֵרְבָנוּ הַמָּקוֹם לַעֲבוֹדָתוֹ. שֶׁנֶּאֱמַר, וַיֹּאמֶר יְהוֹשֻׁעַ אֶל כָּל הָעָם, כֹּה אָמַר יהוה אֱלֹהֵי יִשְׂרָאֵל, בְּעֵבֶר הַנָּהָר יָשְׁבוּ אֲבוֹתֵיכֶם מֵעוֹלָם, תֶּרַח אֲבִי אַבְרָהָם וַאֲבִי נָחוֹר, וַיַּעַבְדוּ אֱלֹהִים אֲחֵרִים. וָאֶקַּח אֶת אֲבִיכֶם אֶת אַבְרָהָם מֵעֵבֶר הַנָּהָר, וָאוֹלֵךְ אוֹתוֹ בְּכָל אֶרֶץ כְּנָעַן, וָאַרְבֶּה אֶת זַרְעוֹ, וָאֶתֶּן לוֹ אֶת יִצְחָק. וָאֶתֵּן לְיִצְחָק אֶת יַעֲקֹב וְאֶת עֵשָׂו, וָאֶתֵּן לְעֵשָׂו אֶת הַר שֵׂעִיר לָרֶשֶׁת אוֹתוֹ, וְיַעֲקֹב וּבָנָיו יָרְדוּ מִצְרָיִם.[1]

Question:
Why does the Haggadah recount all of Jewish history from Abraham onward?

Clue:
Are the issues of faith, slavery, redemption and freedom reserved for the Passover experience alone? What about my struggles? Does the Passover story apply to modern times?

ONE MIGHT THINK that the obligation to discuss the Exodus commences with the first day of the month of Nissan, (the Hebrew month of redemption from Egypt) but the Torah says: "You shall tell your son on that day." But the expression "on that day" could be understood to mean only during the daytime; therefore the Torah adds: "It is because of this that God did so for me when I went out of Egypt." The pronoun "this" implies something tangible, thus "You shall tell your son" applies only when matzah and maror lie before you — at the Seder.

ORIGINALLY our ancestors were idol worshippers, but now the Omnipresent has brought us near to His service, as it is stated: "And Joshua said to all of the people, 'So says the God of Israel, of old, your forefathers dwelt beyond the river — Terah, the father of Abraham and the father of Nahor, and they worshiped other gods. And I took your father Abraham from beyond the river, and I led him throughout all the Land of Canaan, and I multiplied his seed, and I gave Isaac unto him, and I gave Jacob and Esau unto Isaac, and I gave unto Esau Mount Seir to inherit, but Jacob and his sons went down to Egypt.'"[1]

(1) Joshua 24:2-4.

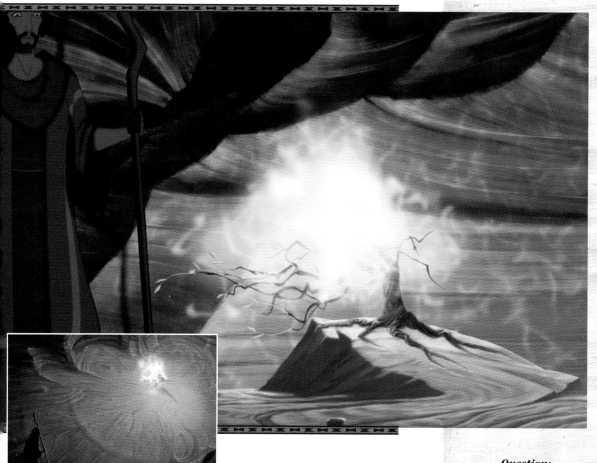

בָּרוּךְ **שׁוֹמֵר הַבְטָחָתוֹ לְיִשְׂרָאֵל**, בָּרוּךְ הוּא.
שֶׁהַקָּדוֹשׁ בָּרוּךְ הוּא חִשַּׁב אֶת הַקֵּץ,
לַעֲשׂוֹת כְּמָה שֶּׁאָמַר לְאַבְרָהָם אָבִינוּ בִּבְרִית בֵּין
הַבְּתָרִים, שֶׁנֶּאֱמַר, וַיֹּאמֶר לְאַבְרָם, יָדֹעַ תֵּדַע כִּי
גֵר יִהְיֶה זַרְעֲךָ בְּאֶרֶץ לֹא לָהֶם, וַעֲבָדוּם וְעִנּוּ
אֹתָם, אַרְבַּע מֵאוֹת שָׁנָה. וְגַם אֶת הַגּוֹי אֲשֶׁר
יַעֲבֹדוּ דָּן אָנֹכִי, וְאַחֲרֵי כֵן יֵצְאוּ בִּרְכֻשׁ גָּדוֹל.

The matzos are covered and the cups lifted as the following paragraph is proclaimed joyously. Upon its conclusion, the cups are put down and the matzos are uncovered.

וְהִיא שֶׁעָמְדָה **לַאֲבוֹתֵינוּ וְלָנוּ**, שֶׁלֹּא אֶחָד
בִּלְבָד עָמַד עָלֵינוּ לְכַלּוֹתֵנוּ.
אֶלָּא שֶׁבְּכָל דּוֹר וָדוֹר עוֹמְדִים עָלֵינוּ לְכַלּוֹתֵנוּ,
וְהַקָּדוֹשׁ בָּרוּךְ הוּא מַצִּילֵנוּ מִיָּדָם.

Question:
God made and kept a promise to ancient Israel. What does that have to do with me?

Clue:
Am I happy with everything in my life? When I'm faced with challenges, to whom do I turn for help?

Destructive forces in every generation have threatened to destroy the Jewish people.

Question:
How are these forces at work today?

Clue:
Are we as knowledgeable as we can be of our tradition? Can destructive forces come from within? Are we as united as we should be?

BLESSED is He Who keeps His pledge to Israel;

    Blessed is He! For the Holy One, Blessed is He, calculated the end [of the bondage] in order to do as He said to our father Abraham at the Covenant Between the Parts, as it is stated: "He said to Abram, 'Know with certainty that your offspring will be aliens in a land not their own, they will serve them and they will oppress them for four hundred years; but also upon the nation which they shall serve will I execute judgement, and afterwards they shall leave with great possessions.'"[1]

<hr>

(1) *Genesis* 15:13-14.

IT IS THIS that has stood by our fathers and us.

    For not only one has risen against us to annihilate us, but in every generation they rise against us to annihilate us. But the Holy One, Blessed is He, rescues us from their hand.

Jacob traveled to Egypt
to reside there, not to
settle there.

Question:
What is the difference...
he was living there in
either case?

Clue:
Although Jacob lived in
Egypt, did he accept all of
their culture? How do we
gain from a society and
yet not fully assimilate
within the society?

GO AND LEARN what Laban the Aramean at-
tempted to do to our father Ja-
cob! For Pharaoh decreed only against the males,
Laban attempted to uproot everything, as it is said:

**An Aramean attempted to destroy my father.
Then he descended to Egypt, and sojourned
there, with few people; and there he became a
nation — great, mighty, and numerous.**[1]

Then he descended to Egypt — compelled by
Divine decree.

He sojourned there — this teaches us that our
father Jacob did not descend to Egypt to settle, but
only to sojourn temporarily, as it says, They (the
sons of Jacob) said to Pharaoh: 'We have come to
sojourn in this land because there is no pasture for
the flocks of your servants, because the famine is
severe in the Land of Canaan. And now, please let
your servants dwell in the Land of Goshen.'[2]

With few people — as it is written: With seventy
persons, your forefathers descended to Egypt, and
now, your God, has made you numerous as the stars
of heaven.''[3]

There he became a nation — This teaches us
that the Israelites were distinctive there.

Great, mighty — as it says: And the Children of
Israel were fruitful, increased greatly, multiplied,
and became very very mighty; and the land was
filled with them.[4]

Numerous — as it says: I made you as numerous
as the plants of the field; you grew and developed,
and became charming, beautiful of figure; your hair
grown long; but, you were naked and bare. And I
passed over you and saw you downtrodden in your
blood and I said to you: 'Through your blood shall
you live!' And I said to you: 'Through your blood
shall you live!' ''[5]

צֵא וּלְמַד מַה בִּקֵשׁ לָבָן הָאֲרַמִי לַעֲשׂוֹת
לְיַעֲקֹב אָבִינוּ, שֶׁפַּרְעֹה לֹא גָזַר
אֶלָּא עַל הַזְּכָרִים, וְלָבָן בִּקֵשׁ לַעֲקוֹר אֶת הַכֹּל.
שֶׁנֶּאֱמַר:

**אֲרַמִי אֹבֵד אָבִי, וַיֵּרֶד מִצְרַיְמָה וַיָּגָר שָׁם
בִּמְתֵי מְעָט, וַיְהִי שָׁם לְגוֹי, גָּדוֹל עָצוּם וָרָב.**[1]

וַיֵּרֶד מִצְרַיְמָה – אָנוּס עַל פִּי הַדִּבּוּר.

וַיָּגָר שָׁם – מְלַמֵּד שֶׁלֹּא יָרַד יַעֲקֹב אָבִינוּ
לְהִשְׁתַּקֵּעַ בְּמִצְרַיִם, אֶלָּא לָגוּר שָׁם. שֶׁנֶּאֱמַר,
וַיֹּאמְרוּ אֶל פַּרְעֹה, לָגוּר בָּאָרֶץ בָּאנוּ, כִּי אֵין
מִרְעֶה לַצֹּאן אֲשֶׁר לַעֲבָדֶיךָ, כִּי כָבֵד הָרָעָב
בְּאֶרֶץ כְּנַעַן, וְעַתָּה יֵשְׁבוּ נָא עֲבָדֶיךָ בְּאֶרֶץ
גֹּשֶׁן.[2]

בִּמְתֵי מְעָט – כְּמָה שֶׁנֶּאֱמַר, בְּשִׁבְעִים
נֶפֶשׁ יָרְדוּ אֲבֹתֶיךָ מִצְרַיְמָה, וְעַתָּה שָׂמְךָ יהוה
אֱלֹהֶיךָ כְּכוֹכְבֵי הַשָּׁמַיִם לָרֹב.[3]

וַיְהִי שָׁם לְגוֹי גָּדוֹל – מְלַמֵּד שֶׁהָיוּ יִשְׂרָאֵל
מְצֻיָּנִים שָׁם.

עָצוּם – כְּמָה שֶׁנֶּאֱמַר, וּבְנֵי יִשְׂרָאֵל פָּרוּ
וַיִּשְׁרְצוּ וַיִּרְבּוּ וַיַּעַצְמוּ בִּמְאֹד מְאֹד, וַתִּמָּלֵא
הָאָרֶץ אֹתָם.[4]

וָרָב – כְּמָה שֶׁנֶּאֱמַר, רְבָבָה כְּצֶמַח הַשָּׂדֶה
נְתַתִּיךְ, וַתִּרְבִּי וַתִּגְדְּלִי וַתָּבֹאִי בַּעֲדִי עֲדָיִים,
שָׁדַיִם נָכֹנוּ וּשְׂעָרֵךְ צִמֵּחַ, וְאַתְּ עֵרֹם וְעֶרְיָה;
וָאֶעֱבֹר עָלַיִךְ וָאֶרְאֵךְ מִתְבּוֹסֶסֶת בְּדָמָיִךְ,
וָאֹמַר לָךְ, בְּדָמַיִךְ חֲיִי, וָאֹמַר לָךְ, בְּדָמַיִךְ חֲיִי.[5]

---

(1) *Deuteronomy* 26:5. (2) *Genesis* 47:4. (3) *Deuteronomy* 10:22. (4) *Exodus* 1:7. (5) *Ezekiel* 16:7,6.

Question:

In what ways have Jews contributed to society? How?

Clue:

God blessed Abraham, "...and through you humanity will be blessed."

Question:

Why does God respond only after we cry out? God knows our pain even before we express our anguish.

Clue:

Why must we pray? Is it to strengthen us or merely praise God?

The Egyptians did evil to us and afflicted us; and imposed hard labor upon us.[1]

The Egyptians did evil to us — as it says: Let us deal with them wisely lest they multiply and, if we happen to be at war, they may join our enemies and fight against us and then leave the country.[2]

And afflicted us — as it says: They set taskmasters over them in order to oppress them with their burdens; and they built Pithom and Raamses as treasure cities for Pharaoh.[3]

They imposed hard labor upon us — as it is says: The Egyptians subjugated the Children of Israel with hard labor.[4]

We cried out to the God of our fathers; and God heard our cry, and God saw our affliction, our burden, and our oppression.[5]

We cried out to the God of our fathers — as it says: It happened in the course of those many days that the king of Egypt died; and the Children of Israel groaned because of the servitude and cried; their cry because of the servitude rose up to God.[6]

God heard our cry — as it says: God heard their groaning, and God recalled His covenant with Abraham, with Isaac, and with Jacob.[7]

And saw our affliction — that is the disruption of family life, as it says: God saw the Children of Israel, and God took note.[8]

Our burden — refers to the children, as it says: Every son that is born you shall cast into the river, but every daughter you shall let live.[9]

Our oppression — refers to the pressure expressed in the words: I have also seen how the Egyptians are oppressing them.[10]

וַיָּרֵעוּ אֹתָנוּ הַמִּצְרִים, וַיְעַנּוּנוּ, וַיִּתְּנוּ עָלֵינוּ עֲבֹדָה קָשָׁה.[1]

וַיָּרֵעוּ אֹתָנוּ הַמִּצְרִים — כְּמָה שֶׁנֶּאֱמַר, הָבָה נִתְחַכְּמָה לוֹ, פֶּן יִרְבֶּה, וְהָיָה כִּי תִקְרֶאנָה מִלְחָמָה, וְנוֹסַף גַּם הוּא עַל שֹׂנְאֵינוּ, וְנִלְחַם בָּנוּ, וְעָלָה מִן הָאָרֶץ.[2]

וַיְעַנּוּנוּ — כְּמָה שֶׁנֶּאֱמַר, וַיָּשִׂימוּ עָלָיו שָׂרֵי מִסִּים, לְמַעַן עַנֹּתוֹ בְּסִבְלֹתָם, וַיִּבֶן עָרֵי מִסְכְּנוֹת לְפַרְעֹה, אֶת פִּתֹם וְאֶת רַעַמְסֵס.[3]

וַיִּתְּנוּ עָלֵינוּ עֲבֹדָה קָשָׁה — כְּמָה שֶׁנֶּאֱמַר, וַיַּעֲבִדוּ מִצְרַיִם אֶת בְּנֵי יִשְׂרָאֵל בְּפָרֶךְ.[4]

וַנִּצְעַק אֶל יהוה אֱלֹהֵי אֲבֹתֵינוּ, וַיִּשְׁמַע יהוה אֶת קֹלֵנוּ, וַיַּרְא אֶת עָנְיֵנוּ, וְאֶת עֲמָלֵנוּ, וְאֶת לַחֲצֵנוּ.[5]

וַנִּצְעַק אֶל יהוה אֱלֹהֵי אֲבֹתֵינוּ — כְּמָה שֶׁנֶּאֱמַר, וַיְהִי בַיָּמִים הָרַבִּים הָהֵם, וַיָּמָת מֶלֶךְ מִצְרַיִם, וַיֵּאָנְחוּ בְנֵי יִשְׂרָאֵל מִן הָעֲבֹדָה, וַיִּזְעָקוּ, וַתַּעַל שַׁוְעָתָם אֶל הָאֱלֹהִים מִן הָעֲבֹדָה.[6]

וַיִּשְׁמַע יהוה אֶת קֹלֵנוּ — כְּמָה שֶׁנֶּאֱמַר, וַיִּשְׁמַע אֱלֹהִים אֶת נַאֲקָתָם, וַיִּזְכֹּר אֱלֹהִים אֶת בְּרִיתוֹ אֶת אַבְרָהָם, אֶת יִצְחָק, וְאֶת יַעֲקֹב.[7]

וַיַּרְא אֶת עָנְיֵנוּ — זוֹ פְּרִישׁוּת דֶּרֶךְ אֶרֶץ, כְּמָה שֶׁנֶּאֱמַר, וַיַּרְא אֱלֹהִים אֶת בְּנֵי יִשְׂרָאֵל, וַיֵּדַע אֱלֹהִים.[8]

וְאֶת עֲמָלֵנוּ — אֵלּוּ הַבָּנִים, כְּמָה שֶׁנֶּאֱמַר, כָּל הַבֵּן הַיִּלּוֹד הַיְאֹרָה תַּשְׁלִיכֻהוּ, וְכָל הַבַּת תְּחַיּוּן.[9]

וְאֶת לַחֲצֵנוּ — זוֹ הַדְּחַק, כְּמָה שֶׁנֶּאֱמַר, וְגַם רָאִיתִי אֶת הַלַּחַץ אֲשֶׁר מִצְרַיִם לֹחֲצִים אֹתָם.[10]

---

(1) *Deuteronomy* 26:6. (2) *Exodus* 1:10. (3) 1:11. (4) 1:13. (5) *Deuteronomy* 26:7. (6) *Exodus* 2:23. (7) 2:24. (8) 2:25. (9) 1:22. (10) 3:9.

**God brought us out of Egypt
with a mighty hand
and with an outstretched arm,
with great awe,
with signs and with wonders.**[1]

וַיּוֹצִאֵנוּ יהוה מִמִּצְרַיִם
בְּיָד חֲזָקָה, וּבִזְרֹעַ נְטוּיָה,
וּבְמֹרָא גָּדֹל,
וּבְאֹתוֹת וּבְמֹפְתִים.[1]

God brought us out of Egypt — not through an angel, not through a seraph, not through a messenger, but the Holy One, Blessed is He, in His glory, Himself, as it says: I will pass through the land of Egypt on that night; I will slay all the firstborn in the land of Egypt from man to beast; and upon all the gods of Egypt will I execute judgments; I, God.[2]

'I will pass through the land of Egypt on that night' — I and no angel; 'I will slay all the firstborn in the land of Egypt' — I and no seraph; 'And upon all the gods of Egypt will I execute judgments' — I and no messenger; 'I, God' — it is I and no other.

וַיּוֹצִאֵנוּ יהוה מִמִּצְרַיִם — לֹא עַל יְדֵי מַלְאָךְ, וְלֹא עַל יְדֵי שָׂרָף, וְלֹא עַל יְדֵי שָׁלִיחַ, אֶלָּא הַקָּדוֹשׁ בָּרוּךְ הוּא בִּכְבוֹדוֹ וּבְעַצְמוֹ. שֶׁנֶּאֱמַר, וְעָבַרְתִּי בְאֶרֶץ מִצְרַיִם בַּלַּיְלָה הַזֶּה, וְהִכֵּיתִי כָל בְּכוֹר בְּאֶרֶץ מִצְרַיִם מֵאָדָם וְעַד בְּהֵמָה, וּבְכָל אֱלֹהֵי מִצְרַיִם אֶעֱשֶׂה שְׁפָטִים, אֲנִי יהוה.[2]

וְעָבַרְתִּי בְאֶרֶץ מִצְרַיִם בַּלַּיְלָה הַזֶּה — אֲנִי וְלֹא מַלְאָךְ. וְהִכֵּיתִי כָל בְּכוֹר בְּאֶרֶץ מִצְרַיִם — אֲנִי וְלֹא שָׂרָף. וּבְכָל אֱלֹהֵי מִצְרַיִם אֶעֱשֶׂה שְׁפָטִים — אֲנִי וְלֹא הַשָּׁלִיחַ. אֲנִי יהוה — אֲנִי הוּא, וְלֹא אַחֵר.

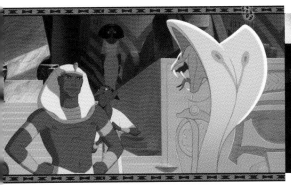

With a mighty hand — refers to the pestilence, as it says: Behold, the hand of God shall strike your cattle which are in the field, the horses, the donkeys, the camels, the herds, and the flocks — a very severe pestilence.[3]

With an outstretched arm — refers to the sword, as it says: His drawn sword in his hand, outstretched over Jerusalem.[4]

בְּיָד חֲזָקָה — זוֹ הַדֶּבֶר, כְּמָה שֶׁנֶּאֱמַר, הִנֵּה יַד יהוה הוֹיָה בְּמִקְנְךָ אֲשֶׁר בַּשָּׂדֶה, בַּסּוּסִים בַּחֲמֹרִים בַּגְּמַלִּים בַּבָּקָר וּבַצֹּאן, דֶּבֶר כָּבֵד מְאֹד.[3]

וּבִזְרֹעַ נְטוּיָה — זוֹ הַחֶרֶב, כְּמָה שֶׁנֶּאֱמַר, וְחַרְבּוֹ שְׁלוּפָה בְּיָדוֹ, נְטוּיָה עַל יְרוּשָׁלָיִם.[4]

(1) *Deuteronomy* 26:8. (2) *Exodus* 12:2. (3) 9:3. (4) *I Chronicles* 21:16

וּבְמֹרָא גָּדֹל – זוֹ גִּלּוּי שְׁכִינָה, כְּמָה שֶׁנֶּאֱמַר, אוֹ הֲנִסָּה אֱלֹהִים לָבוֹא לָקַחַת לוֹ גוֹי מִקֶּרֶב גּוֹי, בְּמַסֹּת, בְּאֹתֹת, וּבְמוֹפְתִים, וּבְמִלְחָמָה, וּבְיָד חֲזָקָה, וּבִזְרוֹעַ נְטוּיָה, וּבְמוֹרָאִים גְּדֹלִים, כְּכֹל אֲשֶׁר עָשָׂה לָכֶם יהוה אֱלֹהֵיכֶם בְּמִצְרַיִם לְעֵינֶיךָ.[1]

וּבְאֹתוֹת – זֶה הַמַּטֶּה, כְּמָה שֶׁנֶּאֱמַר, וְאֶת הַמַּטֶּה הַזֶּה תִּקַּח בְּיָדֶךָ, אֲשֶׁר תַּעֲשֶׂה בּוֹ אֶת הָאֹתֹת.[2]

וּבְמֹפְתִים – זֶה הַדָּם, כְּמָה שֶׁנֶּאֱמַר, וְנָתַתִּי מוֹפְתִים בַּשָּׁמַיִם וּבָאָרֶץ:

With great awe – alludes to the revelation of God's Divine Presence, as it says: Has God ever attempted to take unto Himself a nation from the midst of another nation by trials, miraculous signs, and wonders, by war and with a mighty hand and outstretched arm and by awesome revelations, as all that your God did for you in Egypt, before your eyes?[1]

With signs – refers to the miracles performed with the staff as it says: Take this staff in your hand, that you may perform miraculous signs with it.[2]

With wonders – alludes to the blood, as it says: I will show wonders in the heavens and on the earth:

As each of the words "blood," "fire," and "smoke," is said, a bit of wine is removed from the cup, with the finger or by pouring.

דָּם וָאֵשׁ וְתִמְרוֹת עָשָׁן.[3]

Blood, fire, and columns of smoke.[3]

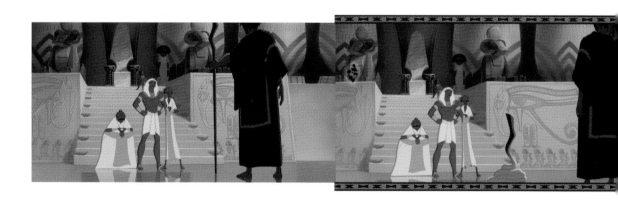

דָּבָר אַחֵר – **בְּיָד חֲזָקָה**, שְׁתַּיִם. **וּבִזְרֹעַ נְטוּיָה**, שְׁתַּיִם. **וּבְמֹרָא גָּדֹל**, שְׁתַּיִם. **וּבְאֹתוֹת**, שְׁתַּיִם. **וּבְמֹפְתִים**, שְׁתַּיִם.

אֵלּוּ עֶשֶׂר מַכּוֹת שֶׁהֵבִיא הַקָּדוֹשׁ בָּרוּךְ הוּא עַל הַמִּצְרִים בְּמִצְרַיִם, וְאֵלּוּ הֵן:

Another explanation of the preceding verse: [Each phrase represents two plagues], hence: **mighty hand** – two; **outstretched arm** – two; **great awe** – two; **signs** – two; **wonders** – two.

These are the ten plagues which the Holy One, Blessed is He, brought upon the Egyptians in Egypt, namely:

(1) *Deuteronomy* 4:34. (2) *Exodus* 4:17. (3) *Joel* 3:3.

As each of the plagues is mentioned, a bit of wine is removed from the cup.
The same is done at each word of Rabbi Yehudah's mnemonic.

1. דָּם. 2. צְפַרְדֵּעַ. 3. כִּנִּים. 4. עָרוֹב. 5. דֶּבֶר. 6. שְׁחִין.
7. בָּרָד. 8. אַרְבֶּה. 9. חֹשֶׁךְ. 10. מַכַּת בְּכוֹרוֹת.

רַבִּי יְהוּדָה הָיָה נוֹתֵן בָּהֶם סִמָּנִים:

דְּצַ״ךְ עֲדַ״שׁ בְּאַחַ״ב.

Hebrew transliteration appears on page 84.

1 Blood

4 Swarms*

Question:
Why were ten plagues needed, when the final one alone could have sufficed?

Clue:
Were there some lessons involved in the exact order of the plagues? Might they have been meant to teach something about God's patience and the extent of God's power? Who was supposed to learn these lessons?

*Rabbinic commentators differ in their explanation of this plague. It is expressed as both swarms of wild beasts and swarms of flies.

As each of the plagues is mentioned, a bit of wine is removed from the cup.
The same is done at each word of Rabbi Yehudah's mnemonic.

1. **Blood**   2. **Frogs**   3. **Vermin**   4. **Wild Beasts**   5. **Pestilence**   6. **Boils**
7. **Hail**   8. **Locusts**   9. **Darkness**   10. **Plague of the Firstborn.**

Rabbi Judah abbreviated them by their Hebrew initials:

D'tzach, Adash, B'achab.

3 VERMIN

2 FROGS

6 BOILS

5 PESTILENCE

7 Hail

9 DARKNESS

8 LOCUSTS

10 PLAGUE OF THE FIRSTBORN

וַיּוֹצִאֵנוּ יהוה מִמִּצְרַיִם בְּיָד חֲזָקָה, וּבִזְרֹעַ נְטוּיָה,
וּבְמֹרָא גָּדֹל, וּבְאֹתוֹת וּבְמֹפְתִים.[1]

God brought us out of Egypt with a mighty hand and with an outstretched arm, with great awe, with signs and with wonders.[1]

(1) *Deuteronomy* 26:8.

Nachitah v'chas'dcha
am zu ga'alta
(In your love, you lead
the people you redeemed)

Exodus: Chapter 15, Verse 13

41

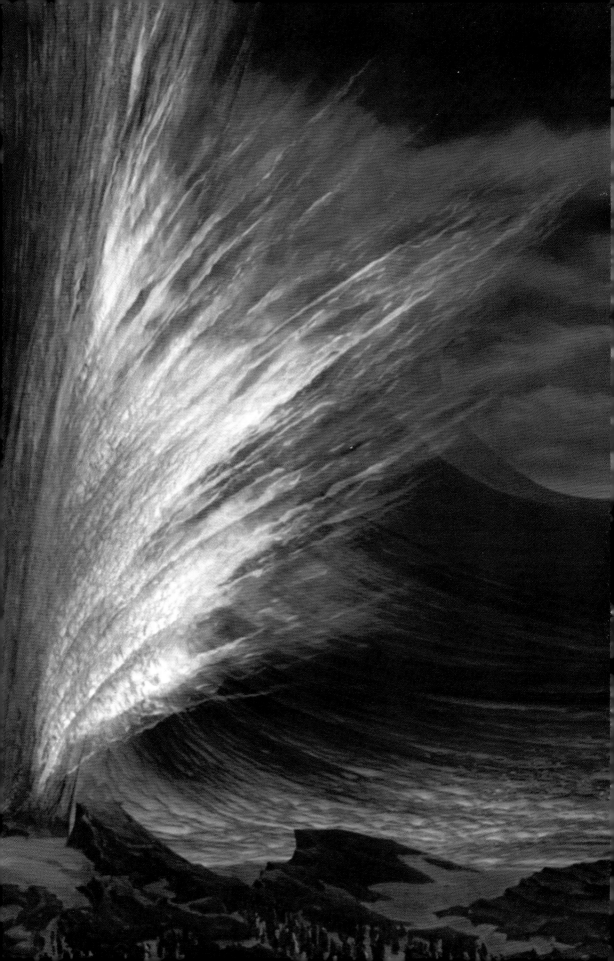

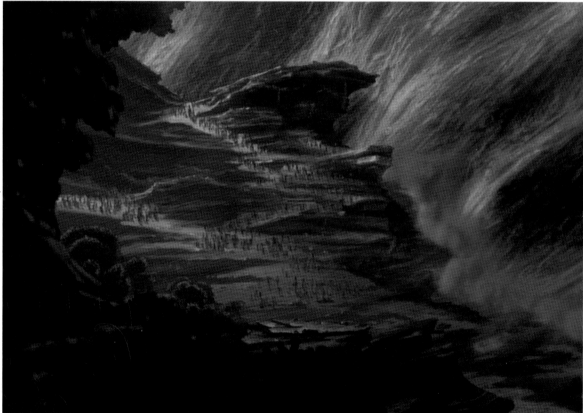

The cups are refilled. The wine that was removed is not used.

RABBI YOSI THE GALILEAN said: "How does one derive that the Egyptians were struck with ten plagues in Egypt, but with fifty plagues at the Sea? Concerning the plagues in Egypt the Torah states: The sorcerers said to Pharaoh: 'It is the finger of God.'[1] However, of those at the Sea, the Torah relates: 'And Israel saw the great "hand" which God laid upon the Egyptians, and the people feared God and they believed in God and in His servant Moses.'[2] How many plagues did they receive with the finger? Ten! Then conclude that if they suffered ten plagues in Egypt [where they were struck with a finger], they must have been made to suffer fifty plagues at the Sea [where they were struck with a whole hand]."

RABBI ELIEZER said: "How does one derive that every plague that the Holy One, Blessed is He, inflicted upon the Egyptians in Egypt was equal to four plagues?

(1) *Exodus* 8:15. (2) 14:31.

רַבִּי יוֹסֵי הַגְּלִילִי אוֹמֵר: מִנַּיִן אַתָּה אוֹמֵר שֶׁלָּקוּ הַמִּצְרִים בְּמִצְרַיִם עֶשֶׂר מַכּוֹת, וְעַל הַיָּם לָקוּ חֲמִשִּׁים מַכּוֹת? בְּמִצְרַיִם מָה הוּא אוֹמֵר, וַיֹּאמְרוּ הַחַרְטֻמִּם אֶל פַּרְעֹה, אֶצְבַּע אֱלֹהִים הִוא.[1] וְעַל הַיָּם מָה הוּא אוֹמֵר, וַיַּרְא יִשְׂרָאֵל אֶת הַיָּד הַגְּדֹלָה אֲשֶׁר עָשָׂה יהוה בְּמִצְרַיִם, וַיִּירְאוּ הָעָם אֶת יהוה, וַיַּאֲמִינוּ בַּיהוה וּבְמֹשֶׁה עַבְדּוֹ.[2] כַּמָּה לָקוּ בְאֶצְבַּע? עֶשֶׂר מַכּוֹת. אֱמוֹר מֵעַתָּה, בְּמִצְרַיִם לָקוּ עֶשֶׂר מַכּוֹת, וְעַל הַיָּם לָקוּ חֲמִשִּׁים מַכּוֹת.

רַבִּי אֱלִיעֶזֶר אוֹמֵר. מִנַּיִן שֶׁכָּל מַכָּה וּמַכָּה שֶׁהֵבִיא הַקָּדוֹשׁ בָּרוּךְ הוּא עַל הַמִּצְרִים בְּמִצְרַיִם הָיְתָה שֶׁל אַרְבַּע מַכּוֹת?

As it says, 'He sent upon them His fierce anger: wrath, fury, and trouble, a band of emissaries of evil.'[1] [Since each plague in Egypt consisted of] (1) wrath, (2) fury, (3) trouble, and (4) a band of emissaries of evil, therefore conclude that in Egypt they were struck by forty plagues and at the Sea by two hundred!"

RABBI AKIVA said: "How does one derive that each plague that the Holy One, Blessed is He, inflicted upon the Egyptians in Egypt was equal to five plagues? As it says, 'He sent upon them His fierce anger: wrath, fury, trouble, and a band of emissaries of evil.'[1] [Since each plague in Egypt consisted of] (1) fierce anger, (2) wrath, (3) fury, (4) trouble, and (5) a band of emissaries of evil, therefore conclude that in Egypt they were struck by fifty plagues and at the Sea by two hundred and fifty!"

(1) *Psalms* 78:49.

שֶׁנֶּאֱמַר, יְשַׁלַּח בָּם חֲרוֹן אַפּוֹ — עֶבְרָה, וָזַעַם, וְצָרָה, מִשְׁלַחַת מַלְאֲכֵי רָעִים.[1] עֶבְרָה, אַחַת. זַעַם, שְׁתַּיִם. וְצָרָה, שָׁלֹשׁ. מִשְׁלַחַת מַלְאֲכֵי רָעִים, אַרְבַּע. אֱמוֹר מֵעַתָּה, בְּמִצְרַיִם לָקוּ אַרְבָּעִים מַכּוֹת, וְעַל הַיָּם לָקוּ מָאתַיִם מַכּוֹת.

רַבִּי עֲקִיבָא אוֹמֵר. מִנַּיִן שֶׁכָּל מַכָּה וּמַכָּה שֶׁהֵבִיא הַקָּדוֹשׁ בָּרוּךְ הוּא עַל הַמִּצְרִים בְּמִצְרַיִם הָיְתָה שֶׁל חָמֵשׁ מַכּוֹת? שֶׁנֶּאֱמַר, יְשַׁלַּח בָּם חֲרוֹן אַפּוֹ, עֶבְרָה, וָזַעַם, וְצָרָה, מִשְׁלַחַת מַלְאֲכֵי רָעִים.[1] חֲרוֹן אַפּוֹ, אַחַת. עֶבְרָה, שְׁתַּיִם. וָזַעַם, שָׁלֹשׁ. וְצָרָה, אַרְבַּע. מִשְׁלַחַת מַלְאֲכֵי רָעִים, חָמֵשׁ. אֱמוֹר מֵעַתָּה, בְּמִצְרַיִם לָקוּ חֲמִשִּׁים מַכּוֹת, וְעַל הַיָּם לָקוּ חֲמִשִּׁים וּמָאתַיִם מַכּוֹת.

We keep repeating Dayeinu...it would have been sufficient.

Question:
Would it really have been sufficient had God merely redeemed us from slavery yet not allowed for our deliverance to Sinai and the land of Israel?

Clue:
Perhaps the prayer speaks to what we were entitled to rather than what we hoped for? Did we truly merit the myriad of miracles that God bestowed upon us? Do we take God's kindness for granted?

1

3

5

7

MANNA
9

11

LAND OF ISRAEL
13

דינו

כַּמָּה מַעֲלוֹת טוֹבוֹת לַמָּקוֹם עָלֵינוּ.

1. אִלּוּ הוֹצִיאָנוּ מִמִּצְרַיִם
וְלֹא עָשָׂה בָהֶם שְׁפָטִים **דַּיֵּנוּ.**

2. אִלּוּ עָשָׂה בָהֶם שְׁפָטִים
וְלֹא עָשָׂה בֵאלֹהֵיהֶם **דַּיֵּנוּ.**

3. אִלּוּ עָשָׂה בֵאלֹהֵיהֶם
וְלֹא הָרַג אֶת בְּכוֹרֵיהֶם **דַּיֵּנוּ.**

4. אִלּוּ הָרַג אֶת בְּכוֹרֵיהֶם
וְלֹא נָתַן לָנוּ אֶת מָמוֹנָם **דַּיֵּנוּ.**

5. אִלּוּ נָתַן לָנוּ אֶת מָמוֹנָם
וְלֹא קָרַע לָנוּ אֶת הַיָּם **דַּיֵּנוּ.**

6. אִלּוּ קָרַע לָנוּ אֶת הַיָּם
וְלֹא הֶעֱבִירָנוּ בְתוֹכוֹ בֶּחָרָבָה **דַּיֵּנוּ.**

7. אִלּוּ הֶעֱבִירָנוּ בְתוֹכוֹ בֶּחָרָבָה
וְלֹא שִׁקַּע צָרֵינוּ בְּתוֹכוֹ **דַּיֵּנוּ.**

8. אִלּוּ שִׁקַּע צָרֵינוּ בְּתוֹכוֹ
וְלֹא סִפֵּק צָרְכֵּנוּ בַּמִּדְבָּר אַרְבָּעִים שָׁנָה
דַּיֵּנוּ.

9. אִלּוּ סִפֵּק צָרְכֵּנוּ בַּמִּדְבָּר אַרְבָּעִים שָׁנָה
וְלֹא הֶאֱכִילָנוּ אֶת הַמָּן **דַּיֵּנוּ.**

10. אִלּוּ הֶאֱכִילָנוּ אֶת הַמָּן
וְלֹא נָתַן לָנוּ אֶת הַשַּׁבָּת **דַּיֵּנוּ.**

11. אִלּוּ נָתַן לָנוּ אֶת הַשַּׁבָּת
וְלֹא קֵרְבָנוּ לִפְנֵי הַר סִינַי **דַּיֵּנוּ.**

12. אִלּוּ קֵרְבָנוּ לִפְנֵי הַר סִינַי
וְלֹא נָתַן לָנוּ אֶת הַתּוֹרָה **דַּיֵּנוּ.**

13. אִלּוּ נָתַן לָנוּ אֶת הַתּוֹרָה
וְלֹא הִכְנִיסָנוּ לְאֶרֶץ יִשְׂרָאֵל **דַּיֵּנוּ.**

14. אִלּוּ הִכְנִיסָנוּ לְאֶרֶץ יִשְׂרָאֵל
וְלֹא בָנָה לָנוּ אֶת בֵּית הַבְּחִירָה **דַּיֵּנוּ.**

Hebrew transliteration appears on page 84.

The Omnipresent has bestowed so many levels of goodness upon us!

1. Had He brought us out of Egypt,
   but not executed judgments against the Egyptians,
   it would have been enough. DAYEINU!

2. Had He executed judgments against them,
   but not upon their gods,
   it would have been enough. DAYEINU!

3. Had He executed judgments against their gods,
   but not slain their firstborn,
   it would have been enough. DAYEINU!

4. Had He slain their firstborn,
   but not given us their wealth,
   it would have been enough. DAYEINU!

5. Had He given us their wealth,
   but not split the Sea for us,
   it would have been enough. DAYEINU!

6. Had He split the Sea for us,
   but not let us through it on dry land,
   it would have been enough. DAYEINU!

7. Had He let us through it on dry land,
   but not drowned our oppressors in it,
   it would have been enough. DAYEINU!

8. Had He drowned our oppressors in it,
   but not provided for our needs in the desert
   for forty years,
   it would have been enough. DAYEINU!

9. Had He provided for our needs in the desert
   for forty years,
   but not fed us the manna,
   it would have been enough. DAYEINU!

10. Had He fed us the manna,
    but not given us the Sabbath,
    it would have been enough. DAYEINU!

11. Had He given us the Sabbath,
    but not brought us before Mount Sinai,
    it would have been enough. DAYEINU!

12. Had He brought us before Mount Sinai,
    but not given us the Torah
    it would have been enough. DAYEINU!

13. Had He given us the Torah,
    but not brought us into the Land of Israel,
    it would have been enough. DAYEINU!

14. Had he brought us into the Land of Israel,
    but not built the Temple for us,
    it would have been enough. DAYEINU!

2

4

6

8

SABBATH

10

12

HOLY TEMPLE

14

THUS, HOW MUCH MORE SO should we be grateful to the Omnipresent for all the numerous favors He showered upon us: He brought us out of Egypt; executed judgments upon them and against their gods; slew their firstborn; gave us their wealth; split the Sea for us; led us through it on dry land; drowned our oppressors in it; provided for our needs in the desert for forty years; fed us the manna; gave us the Sabbath; brought us before Mount Sinai; gave us the Torah; brought us to the Land of Israel; and built us the Temple to atone for all our sins.

RABBAN GAMLIEL used to say: Whoever has not explained the following three things on Passover has not fulfilled his duty, namely:

> **Pesach** — the Passover offering;
> **Matzah** — the Unleavened Bread;
> **Maror** — the Bitter Herbs.

עַל אַחַת כַּמָּה, וְכַמָּה טוֹבָה כְפוּלָה וּמְכֻפֶּלֶת לַמָּקוֹם עָלֵינוּ. שֶׁהוֹצִיאָנוּ מִמִּצְרַיִם, וְעָשָׂה בָהֶם שְׁפָטִים, וְעָשָׂה בֵאלֹהֵיהֶם, וְהָרַג אֶת בְּכוֹרֵיהֶם, וְנָתַן לָנוּ אֶת מָמוֹנָם, וְקָרַע לָנוּ אֶת הַיָּם, וְהֶעֱבִירָנוּ בְתוֹכוֹ בֶּחָרָבָה, וְשִׁקַּע צָרֵינוּ בְּתוֹכוֹ, וְסִפֵּק צָרְכֵּנוּ בַּמִּדְבָּר אַרְבָּעִים שָׁנָה, וְהֶאֱכִילָנוּ אֶת הַמָּן, וְנָתַן לָנוּ אֶת הַשַּׁבָּת, וְקֵרְבָנוּ לִפְנֵי הַר סִינַי, וְנָתַן לָנוּ אֶת הַתּוֹרָה, וְהִכְנִיסָנוּ לְאֶרֶץ יִשְׂרָאֵל, וּבָנָה לָנוּ אֶת בֵּית הַבְּחִירָה, לְכַפֵּר עַל כָּל עֲוֹנוֹתֵינוּ.

רַבָּן גַּמְלִיאֵל הָיָה אוֹמֵר. כָּל שֶׁלֹּא אָמַר שְׁלֹשָׁה דְבָרִים אֵלּוּ בַּפֶּסַח, לֹא יָצָא יְדֵי חוֹבָתוֹ, וְאֵלּוּ הֵן,

Gaze at shankbone, but do not lift.

PESACH — Why did our fathers eat a Passover offering during the period when the Temple still stood? Because the Holy One, Blessed is He, passed over the houses of our fathers in Egypt, as it says, "You shall say: It is a Passover offering for God, Who passed over the houses of the Children of Israel in Egypt when He struck the Egyptians, and spared our houses. And [upon hearing this] the people bowed down and prostrated themselves."[1]

פֶּסַח שֶׁהָיוּ אֲבוֹתֵינוּ אוֹכְלִים בִּזְמַן שֶׁבֵּית הַמִּקְדָּשׁ הָיָה קַיָּם, עַל שׁוּם מָה? עַל שׁוּם שֶׁפָּסַח הַקָּדוֹשׁ בָּרוּךְ הוּא עַל בָּתֵּי אֲבוֹתֵינוּ בְּמִצְרַיִם. שֶׁנֶּאֱמַר, וַאֲמַרְתֶּם, זֶבַח פֶּסַח הוּא לַיהוה, אֲשֶׁר פָּסַח עַל בָּתֵּי בְנֵי יִשְׂרָאֵל בְּמִצְרַיִם בְּנָגְפּוֹ אֶת מִצְרַיִם, וְאֶת בָּתֵּינוּ הִצִּיל, וַיִּקֹּד הָעָם וַיִּשְׁתַּחֲווּ.[1]

The middle matzah is lifted and displayed while the following paragraph is recited.

MATZAH — Why do we eat this unleavened bread? Because the dough of our fathers did not have time to become leavened before the King of kings, the Holy One, Blessed is He, revealed Himself to them and redeemed them, as it says, "They baked the dough which they had brought out of Egypt into unleavened bread, for it had not fermented, because they were driven out of Egypt and could not delay; nor had they prepared any provisions for themselves."[2]

מַצָּה זוֹ שֶׁאָנוּ אוֹכְלִים, עַל שׁוּם מָה? עַל שׁוּם שֶׁלֹּא הִסְפִּיק בְּצֵקָם שֶׁל אֲבוֹתֵינוּ לְהַחֲמִיץ, עַד שֶׁנִּגְלָה עֲלֵיהֶם מֶלֶךְ מַלְכֵי הַמְּלָכִים הַקָּדוֹשׁ בָּרוּךְ הוּא וּגְאָלָם. שֶׁנֶּאֱמַר, וַיֹּאפוּ אֶת הַבָּצֵק אֲשֶׁר הוֹצִיאוּ מִמִּצְרַיִם עֻגֹת מַצּוֹת כִּי לֹא חָמֵץ, כִּי גֹרְשׁוּ מִמִּצְרַיִם, וְלֹא יָכְלוּ לְהִתְמַהְמֵהַּ, וְגַם צֵדָה לֹא עָשׂוּ לָהֶם.[2]

The maror is lifted and displayed while the following paragraph is recited.

MAROR — Why do we eat this bitter herb? Because the Egyptians embittered the lives of our fathers in Egypt, as it says, "They embittered their lives with hard labor, with mortar and bricks, and with all manner of labor in the field: Whatever service they made them perform was with hard labor."[3]

מָרוֹר זֶה שֶׁאָנוּ אוֹכְלִים, עַל שׁוּם מָה? עַל שׁוּם שֶׁמֵּרְרוּ הַמִּצְרִים אֶת חַיֵּי אֲבוֹתֵינוּ בְּמִצְרָיִם. שֶׁנֶּאֱמַר, וַיְמָרְרוּ אֶת חַיֵּיהֶם, בַּעֲבֹדָה קָשָׁה, בְּחֹמֶר וּבִלְבֵנִים, וּבְכָל עֲבֹדָה בַּשָּׂדֶה, אֵת כָּל עֲבֹדָתָם אֲשֶׁר עָבְדוּ בָהֶם בְּפָרֶךְ.[3]

---

(1) Exodus 12:27. (2) 12:39. (3) 1:14.

52

IN EVERY GENERATION it is one's duty to regard himself as though he personally had gone out from Egypt, as it is said, "And you shall tell your son on that day, saying, 'It is because of this that God did for "me" when I went out of Egypt.'"[1] It was not only our fathers whom the Holy One, Blessed is He, redeemed from slavery; we, too, were redeemed with them, as it is said, "He brought us out from there so that He might take us to the land which He had promised to our fathers."[2]

בְּכָל דּוֹר וָדוֹר חַיָּב אָדָם לִרְאוֹת אֶת עַצְמוֹ כְּאִלּוּ הוּא יָצָא מִמִּצְרָיִם. שֶׁנֶּאֱמַר, וְהִגַּדְתָּ לְבִנְךָ בַּיּוֹם הַהוּא לֵאמֹר, בַּעֲבוּר זֶה עָשָׂה יהוה לִי, בְּצֵאתִי מִמִּצְרָיִם.[1] לֹא אֶת אֲבוֹתֵינוּ בִּלְבָד גָּאַל הַקָּדוֹשׁ בָּרוּךְ הוּא, אֶלָּא אַף אוֹתָנוּ גָּאַל עִמָּהֶם. שֶׁנֶּאֱמַר, וְאוֹתָנוּ הוֹצִיא מִשָּׁם, לְמַעַן הָבִיא אֹתָנוּ לָתֶת לָנוּ אֶת הָאָרֶץ אֲשֶׁר נִשְׁבַּע לַאֲבוֹתֵינוּ.[2]

The cup is raised in praise to God.

THEREFORE it is our duty to thank, praise, pay tribute, glorify, exalt, honor, bless, extol, and acclaim Him Who performed all these miracles for our fathers and for us. He brought us forth from slavery to freedom, from grief to joy, from mourning to festivity, from darkness to great light, and from servitude to redemption. Let us, therefore, recite a new song before Him! Halleluyah!

לְפִיכָךְ אֲנַחְנוּ חַיָּבִים לְהוֹדוֹת, לְהַלֵּל, לְשַׁבֵּחַ, לְפָאֵר, לְרוֹמֵם, לְהַדֵּר, לְבָרֵךְ, לְעַלֵּה, וּלְקַלֵּס, לְמִי שֶׁעָשָׂה לַאֲבוֹתֵינוּ וְלָנוּ אֶת כָּל הַנִּסִּים הָאֵלּוּ, הוֹצִיאָנוּ מֵעַבְדוּת לְחֵרוּת, מִיָּגוֹן לְשִׂמְחָה, וּמֵאֵבֶל לְיוֹם טוֹב, וּמֵאֲפֵלָה לְאוֹר גָּדוֹל, וּמִשִּׁעְבּוּד לִגְאֻלָּה, וְנֹאמַר לְפָנָיו שִׁירָה חֲדָשָׁה, הַלְלוּיָהּ.

HALLELUYAH! Praise, you servants of God, praise the Name of God! Blessed be the Name of God from now and forever. From the rising of the sun to its setting, God's Name is praised. High above all nations is God, above the heavens is His glory. Who is like our God, Who is enthroned on high, yet deigns to look upon the heaven and earth? He raises the destitute from the dust, from the trash heaps He lifts the needy to seat them with nobles, with nobles of His people. He transforms the barren wife into a glad mother of children. Halleluyah![3]

הַלְלוּיָהּ הַלְלוּ עַבְדֵי יהוה, הַלְלוּ אֶת שֵׁם יהוה. יְהִי שֵׁם יהוה מְבֹרָךְ, מֵעַתָּה וְעַד עוֹלָם. מִמִּזְרַח שֶׁמֶשׁ עַד מְבוֹאוֹ, מְהֻלָּל שֵׁם יהוה. רָם עַל כָּל גּוֹיִם יהוה, עַל הַשָּׁמַיִם כְּבוֹדוֹ. מִי כַּיהוה אֱלֹהֵינוּ, הַמַּגְבִּיהִי לָשָׁבֶת. הַמַּשְׁפִּילִי לִרְאוֹת, בַּשָּׁמַיִם וּבָאָרֶץ. מְקִימִי מֵעָפָר דָּל, מֵאַשְׁפֹּת יָרִים אֶבְיוֹן. לְהוֹשִׁיבִי עִם נְדִיבִים, עִם נְדִיבֵי עַמּוֹ. מוֹשִׁיבִי עֲקֶרֶת הַבַּיִת, אֵם הַבָּנִים שְׂמֵחָה, הַלְלוּיָהּ.[3]

WHEN ISRAEL went forth from Egypt, Jacob's household from a people of alien tongue, Judah became His sanctuary, Israel His dominion. The Sea saw and fled; the Jordan turned backward. The mountains skipped like rams, and the hills like young lambs. What ails you, O Sea, that you flee? O Jordan, that you turn backward? O mountains, that you skip like rams? O hills, like young lambs? Before God's presence tremble, O earth, before the presence of the God of Jacob, Who turns the rock into a pond of water, the flint into a flowing fountain.[4]

בְּצֵאת יִשְׂרָאֵל מִמִּצְרָיִם, בֵּית יַעֲקֹב מֵעַם לֹעֵז. הָיְתָה יְהוּדָה לְקָדְשׁוֹ, יִשְׂרָאֵל מַמְשְׁלוֹתָיו. הַיָּם רָאָה וַיָּנֹס, הַיַּרְדֵּן יִסֹּב לְאָחוֹר. הֶהָרִים רָקְדוּ כְאֵילִים, גְּבָעוֹת כִּבְנֵי צֹאן. מַה לְּךָ הַיָּם כִּי תָנוּס, הַיַּרְדֵּן תִּסֹּב לְאָחוֹר. הֶהָרִים תִּרְקְדוּ כְאֵילִים, גְּבָעוֹת כִּבְנֵי צֹאן. מִלִּפְנֵי אָדוֹן חוּלִי אָרֶץ, מִלִּפְנֵי אֱלוֹהַּ יַעֲקֹב. הַהֹפְכִי הַצּוּר אֲגַם מָיִם, חַלָּמִישׁ לְמַעְיְנוֹ מָיִם.[4]

(1) *Exodus* 13:8. (2) *Deuteronomy* 6:23. (3) *Psalms* 113. (4) 114.

SECOND CUP

כּוֹס שֵׁנִי

On Saturday night substitute the bracketed phrase for the preceding phrase.

BLESSED are You, our God, King of the universe, Who redeemed us and redeemed our ancestors from Egypt, and enabled us to reach this night that we may eat on it matzah and maror. So our God and God of our fathers, bring us also to future festivals and holidays in peace, gladdened in the rebuilding of Your city and joyful at Your service. There we shall eat of the offerings and Passover sacrifices [of the Passover sacrifices and offerings] whose blood will gain the sides of Your Altar for gracious acceptance. We shall then sing a new song of praise to You for our redemption and the liberation of our souls. Blessed are You, God, Who has redeemed Israel.

בָּרוּךְ אַתָּה יהוה אֱלֹהֵינוּ מֶלֶךְ הָעוֹלָם,
אֲשֶׁר גְּאָלָנוּ וְגָאַל אֶת אֲבוֹתֵינוּ
מִמִּצְרַיִם, וְהִגִּיעָנוּ הַלַּיְלָה הַזֶּה לֶאֱכָל בּוֹ
מַצָּה וּמָרוֹר. כֵּן יהוה אֱלֹהֵינוּ וֵאלֹהֵי
אֲבוֹתֵינוּ, יַגִּיעֵנוּ לְמוֹעֲדִים וְלִרְגָלִים
אֲחֵרִים הַבָּאִים לִקְרָאתֵנוּ לְשָׁלוֹם,
שְׂמֵחִים בְּבִנְיַן עִירֶךָ וְשָׂשִׂים בַּעֲבוֹדָתֶךָ,
וְנֹאכַל שָׁם מִן הַזְּבָחִים וּמִן הַפְּסָחִים [מִן
הַפְּסָחִים וּמִן הַזְּבָחִים] אֲשֶׁר יַגִּיעַ דָּמָם עַל
קִיר מִזְבַּחֲךָ לְרָצוֹן. וְנוֹדֶה לְךָ שִׁיר חָדָשׁ
עַל גְּאֻלָּתֵנוּ וְעַל פְּדוּת נַפְשֵׁנוּ. בָּרוּךְ אַתָּה
יהוה, גָּאַל יִשְׂרָאֵל.

בָּרוּךְ אַתָּה יהוה אֱלֹהֵינוּ מֶלֶךְ הָעוֹלָם, בּוֹרֵא פְּרִי הַגָּפֶן.

BLESSED are You, our God, King of the universe, Who creates the fruit of the vine.

Baruch atah Adonai Elohaynu melech ha-olam bo-ray p'riy hagofen.

THE SECOND CUP IS DRUNK.

Hebrew transliteration appears on page 84.

The hands are washed for matzah and the following blessing is recited.

בָּרוּךְ אַתָּה יהוה אֱלֹהֵינוּ מֶלֶךְ הָעוֹלָם, אֲשֶׁר קִדְּשָׁנוּ בְּמִצְוֹתָיו, וְצִוָּנוּ עַל נְטִילַת יָדָיִם.

BLESSED are You, our God, King of the universe, Who has sanctified us with His commandments, and has commanded us concerning the washing of the hands.

Baruch atah Adonai Elohaynu melech ha-olam asher kid'shanu b'mitzvotav v'tzivanu al n'tilat yadayim.

רָחְצָה
RACHTZAH

The following two blessings are recited over matzah; the first is recited over matzah as food, and the second for the special mitzvah (commandment) of eating matzah on the night of Passover.

The head of the household raises all the matzos on the seder plate and recites the following blessing:

בָּרוּךְ אַתָּה יהוה אֱלֹהֵינוּ מֶלֶךְ הָעוֹלָם, הַמּוֹצִיא לֶחֶם מִן הָאָרֶץ.

BLESSED are You, our God, King of the universe, Who brings forth bread from the earth.

Baruch atah Adonai Elohaynu melech ha-olam hamo-tzi lechem min ha-aretz.

מוֹצִיא
MOTZI

The bottom matzah is put down and the following blessing is recited while the top (whole) matzah and the middle (broken) piece are raised.

בָּרוּךְ אַתָּה יהוה אֱלֹהֵינוּ מֶלֶךְ הָעוֹלָם, אֲשֶׁר קִדְּשָׁנוּ בְּמִצְוֹתָיו, וְצִוָּנוּ עַל אֲכִילַת מַצָּה.

BLESSED are You, our God, King of the universe, Who has sanctified us with His commandments, and has commanded us concerning the eating of the matzah.

Baruch atah Adonai Elohaynu melech ha-olam asher kid'shanu b'mitzvotav v'tzivanu al achilat matzah.

The matzos are to be eaten while leaning.

מַצָּה
MATZAH

מָרוֹר
MAROR

The head of the household takes the maror, dips it into charoses, and gives each participant a like amount. The following blessing is recited The maror is eaten without reclining.

בָּרוּךְ אַתָּה יהוה אֱלֹהֵינוּ מֶלֶךְ הָעוֹלָם, אֲשֶׁר קִדְּשָׁנוּ בְּמִצְוֹתָיו, וְצִוָּנוּ עַל אֲכִילַת מָרוֹר.

BLESSED are You, our God, King of the universe, Who has sanctified us with His commandments, and has commanded us concerning the the eating of maror.

Baruch atah Adonai Elohaynu melech ha-olam asher kid'shanu b'mitzvotav v'tzivanu al achilat maror.

כּוֹרֵךְ
KORECH

Hillel created the sandwich of matzah and bitter herbs, based upon biblical verses.

Question: Why would matzah that represents freedom be symbolically matched with the bitterness of herbs representing slavery?

Clue: Upon reflection, was the Egyptian experience a positive or negative one for the Jewish people? In any victory after a struggle, is there not bitterness even at the greatest moments of joy?

The bottom (thus far unbroken) matzah is now taken. With the addition of other matzos, each participant receives matzah with an equal volume portion of maror dipped into charoses. The following paragraph is recited and the "sandwich" is eaten while reclining.

זֵכֶר לְמִקְדָּשׁ כְּהִלֵּל. כֵּן עָשָׂה הִלֵּל בִּזְמַן שֶׁבֵּית הַמִּקְדָּשׁ הָיָה קַיָּם. הָיָה כּוֹרֵךְ (פֶּסַח) מַצָּה וּמָרוֹר וְאוֹכֵל בְּיַחַד. לְקַיֵּם מַה שֶּׁנֶּאֱמַר, עַל מַצּוֹת וּמְרֹרִים יֹאכְלֻהוּ.

In remembrance of the Temple we do as Hillel did in Temple times: He would combine Passover offering, matzah and maror in a sandwich and eat them together, to fulfill that which is written, "With matzos and maror they shall eat it."[1]

Zaycher l'mikdash k'hilayl. kayn asah Hilayl bizman shebayt hamikdash hayah kayam hayah ko-raych matzah u'maror v'o-chayl b'yachad l'kayaym mah shene-emar al matzot um'ro-rim yoch-luhu.

שֻׁלְחָן עוֹרֵךְ
SHULCHAN ORECH

The meal should be eaten in a combination of joy and solemnity, for the meal, too, is part of the Seder service.

Each participant is given a share from the afikoman matzah. It should be eaten before midnight, without delay, while reclining. Nothing may be eaten or drunk after the afikoman, with the exception of water and the last two Seder cups of wine.

12. GRACE AFTER MEAL BARECH

The third cup is poured and Bircas HaMazon (Grace After Meals) is recited.
According to some customs, the Cup of Elijah is poured at this point.

A SONG OF ASCENTS. When God brings back the exiles to Zion, we will have been like dreamers. Then our mouth will be filled with laughter, and our tongue with glad song. Then they will say among the nations: God has done great things for them. God has done great things for us, and we rejoiced. Restore our captives, God, like streams in the dryland. Those who sow in tears shall reap in joy. Though the farmer bears the measure of seed to the field in tears, he shall come home with joy, bearing his sheaves.[1]

May my mouth declare the praise of God and may all flesh bless His Holy Name forever.[2] We will bless God from this time and forever. Halleluyah![3] Give thanks to God for He is good, His kindness endures forever.[4] Who can express the mighty acts of God? Who can declare all His praise?[5]

שִׁיר הַמַּעֲלוֹת, בְּשׁוּב יהוה אֶת שִׁיבַת צִיּוֹן, הָיִינוּ כְּחֹלְמִים. אָז יִמָּלֵא שְׂחוֹק פִּינוּ וּלְשׁוֹנֵנוּ רִנָּה, אָז יֹאמְרוּ בַגּוֹיִם, הִגְדִּיל יהוה לַעֲשׂוֹת עִם אֵלֶּה. הִגְדִּיל יהוה לַעֲשׂוֹת עִמָּנוּ, הָיִינוּ שְׂמֵחִים. שׁוּבָה יהוה אֶת שְׁבִיתֵנוּ, כַּאֲפִיקִים בַּנֶּגֶב. הַזֹּרְעִים בְּדִמְעָה בְּרִנָּה יִקְצֹרוּ. הָלוֹךְ יֵלֵךְ וּבָכֹה נֹשֵׂא מֶשֶׁךְ הַזָּרַע, בֹּא יָבֹא בְרִנָּה, נֹשֵׂא אֲלֻמֹּתָיו.[1]

תְּהִלַּת יהוה יְדַבֶּר פִּי, וִיבָרֵךְ כָּל בָּשָׂר שֵׁם קָדְשׁוֹ לְעוֹלָם וָעֶד.[2] וַאֲנַחְנוּ נְבָרֵךְ יָהּ, מֵעַתָּה וְעַד עוֹלָם, הַלְלוּיָהּ.[3] הוֹדוּ לַיהוה כִּי טוֹב, כִּי לְעוֹלָם חַסְדּוֹ.[4] מִי יְמַלֵּל גְּבוּרוֹת יהוה, יַשְׁמִיעַ כָּל תְּהִלָּתוֹ.[5]

If three or more males, aged thirteen or older, participated in the meal, the leader is required to formally invite the others to join him in the recitation of Grace After Meals. Following is the 'zimun,' or formal invitation.

The leader begins:

Gentlemen, let us bless. רַבּוֹתַי נְבָרֵךְ.

The group responds:

יְהִי שֵׁם יהוה מְבֹרָךְ מֵעַתָּה וְעַד עוֹלָם.[6]

Blessed is the name of God from this moment and forever![6]

The leader continues [if a minyan is present, the words in parentheses are included]:

יְהִי שֵׁם יהוה מְבֹרָךְ מֵעַתָּה וְעַד עוֹלָם.[6] בִּרְשׁוּת מָרָנָן וְרַבָּנָן וְרַבּוֹתַי, נְבָרֵךְ (אֱלֹהֵינוּ) שֶׁאָכַלְנוּ מִשֶּׁלּוֹ.

Blessed is the name of God from this moment and forever![6] With the permission of the distinguished people present, let us bless [our God], for we have eaten from what is His.

The group responds:

בָּרוּךְ (אֱלֹהֵינוּ) שֶׁאָכַלְנוּ מִשֶּׁלּוֹ וּבְטוּבוֹ חָיִינוּ.

Blessed is He [our God] of Whose we have eaten and through Whose goodness we live.

The leader continues:

בָּרוּךְ (אֱלֹהֵינוּ) שֶׁאָכַלְנוּ מִשֶּׁלּוֹ וּבְטוּבוֹ חָיִינוּ.

Blessed is He [our God] of Whose we have eaten and through Whose goodness we live.

The following line is recited if a minyan is present.

Blessed is He and blessed is His Name. בָּרוּךְ הוּא וּבָרוּךְ שְׁמוֹ.

BLESSED are You, our God, King of the Universe, Who nourishes the entire world; in His goodness, with grace, with lovingkindness, and with mercy. He gives nourishment to all flesh, for His lovingkindness is eternal.[7] And through His great goodness, nourishment was never lacking to us, and may it never be lacking to us forever. For the sake of His Great Name, because He is the God who nourishes and sustains all, and benefits all and He prepares food for all of His creatures which He created. Blessed are You, Who nourishes all.

בָּרוּךְ אַתָּה יהוה אֱלֹהֵינוּ מֶלֶךְ הָעוֹלָם, הַזָּן אֶת הָעוֹלָם כֻּלּוֹ, בְּטוּבוֹ, בְּחֵן בְּחֶסֶד וּבְרַחֲמִים, הוּא נֹתֵן לֶחֶם לְכָל בָּשָׂר, כִּי לְעוֹלָם חַסְדּוֹ.[7] וּבְטוּבוֹ הַגָּדוֹל, תָּמִיד לֹא חָסַר לָנוּ, וְאַל יֶחְסַר לָנוּ מָזוֹן לְעוֹלָם וָעֶד. בַּעֲבוּר שְׁמוֹ הַגָּדוֹל, כִּי הוּא אֵל זָן וּמְפַרְנֵס לַכֹּל, וּמֵטִיב לַכֹּל, וּמֵכִין מָזוֹן לְכָל בְּרִיּוֹתָיו אֲשֶׁר בָּרָא. בָּרוּךְ אַתָּה יהוה, הַזָּן אֶת הַכֹּל.

(1) *Psalms* 126. (2) 145:21. (3) 115:18. (4) 118:1. (5) 106:2. (6) 113:2. (7) 136:25.

WE THANK YOU, God, because you have given to our forefathers as a heritage a desirable, good and spacious land; because You removed us, our God, from the land of Egypt, and You redeemed us from the house of bondage; for Your covenant which You sealed in our flesh; for Your Torah which You taught us and for Your statutes which You made known to us; for life, grace, and lovingkindness which You granted us; and for the provision of food with which You nourish and sustain us constantly, in every day, in every season, and in every hour.

FOR ALL, our God, we thank You and bless You. May Your Name be blessed continuously by the mouth of all the living. As it is written, "And you shall eat and be satisfied, and bless your God, for the good land which He gave you."[1] Blessed are You, God, for the land and for the food.

HAVE MERCY, (we beg you) our God, on Your people Israel, on Your city Jerusalem, on Zion the resting place of Your Glory, on the monarchy of the house of David, Your anointed, and on the great and holy House upon which Your name is called. Our God, our Father — tend us, nourish us, sustain us, support us, relieve us; God grant us speedy relief from all our troubles. Please God, make us not needful of the gifts of human hands nor of their loans but only of Your Hand that is full, open, holy, and generous, that we not feel inner shame or be humiliated for ever and ever.

On the Sabbath add the following paragraph.

MAY IT PLEASE You, God — give us rest through Your commandments and through the commandment of the seventh day, this great and holy Sabbath. For this day is great and holy before You to rest on it and be content on it in love, as ordained by Your will. May it be Your will God, that there be no distress, grief, or lament on this day of our contentment. And show us, God, the consolation of Zion, Your city, and the rebuilding of Jerusalem, city of Your holiness, for You are the Master of salvations and Master of consolations.

OUR GOD and God of our fathers, may there rise, come, reach, be noted, be favored, be heard, be considered, and remembered before You — the remembrance and consideration of ourselves, the remembrance of our fathers; the remembrance of Messiah, son of David, Your servant; the remembrance of Jerusalem, Your holy city; and the remembrance of Your entire people, the House of Israel — for deliverance, for well-being, for grace, for lovingkindness and for mercy, for life and for peace on this day of the Festival of Matzos. Remember us on it, our God, for goodness, consider us on it for blessing, and help us on it for (good) life. Concerning salvation and mercy, have pity, show grace to us and be merciful upon us and help us. For our eyes are turned to You; for You are the Almighty, gracious, and generous.

(1) Deuteronomy 8:10.

נוֹדֶה לְּךָ יהוה אֱלֹהֵינוּ, עַל שֶׁהִנְחַלְתָּ לַאֲבוֹתֵינוּ אֶרֶץ חֶמְדָּה טוֹבָה וּרְחָבָה. וְעַל שֶׁהוֹצֵאתָנוּ יהוה אֱלֹהֵינוּ מֵאֶרֶץ מִצְרַיִם, וּפְדִיתָנוּ מִבֵּית עֲבָדִים, וְעַל בְּרִיתְךָ שֶׁחָתַמְתָּ בִּבְשָׂרֵנוּ, וְעַל תּוֹרָתְךָ שֶׁלִּמַּדְתָּנוּ, וְעַל חֻקֶּיךָ שֶׁהוֹדַעְתָּנוּ, וְעַל חַיִּים חֵן וָחֶסֶד שֶׁחוֹנַנְתָּנוּ, וְעַל אֲכִילַת מָזוֹן שָׁאַתָּה זָן וּמְפַרְנֵס אוֹתָנוּ תָּמִיד, בְּכָל יוֹם וּבְכָל עֵת וּבְכָל שָׁעָה.

וְעַל הַכֹּל יהוה אֱלֹהֵינוּ אֲנַחְנוּ מוֹדִים לָךְ, וּמְבָרְכִים אוֹתָךְ, יִתְבָּרַךְ שִׁמְךָ בְּפִי כָּל חַי תָּמִיד לְעוֹלָם וָעֶד. כַּכָּתוּב, וְאָכַלְתָּ וְשָׂבָעְתָּ, וּבֵרַכְתָּ אֶת יהוה אֱלֹהֶיךָ, עַל הָאָרֶץ הַטֹּבָה אֲשֶׁר נָתַן לָךְ.[1] בָּרוּךְ אַתָּה יהוה, עַל הָאָרֶץ וְעַל הַמָּזוֹן.

רַחֵם יהוה אֱלֹהֵינוּ עַל יִשְׂרָאֵל עַמֶּךָ, וְעַל יְרוּשָׁלַיִם עִירֶךָ, וְעַל צִיּוֹן מִשְׁכַּן כְּבוֹדֶךָ, וְעַל מַלְכוּת בֵּית דָּוִד מְשִׁיחֶךָ, וְעַל הַבַּיִת הַגָּדוֹל וְהַקָּדוֹשׁ שֶׁנִּקְרָא שִׁמְךָ עָלָיו. אֱלֹהֵינוּ אָבִינוּ רְעֵנוּ זוּנֵנוּ פַּרְנְסֵנוּ וְכַלְכְּלֵנוּ וְהַרְוִיחֵנוּ, וְהַרְוַח לָנוּ יהוה אֱלֹהֵינוּ מְהֵרָה מִכָּל צָרוֹתֵינוּ. וְנָא אַל תַּצְרִיכֵנוּ יהוה אֱלֹהֵינוּ, לֹא לִידֵי מַתְּנַת בָּשָׂר וָדָם, וְלֹא לִידֵי הַלְוָאָתָם, כִּי אִם לְיָדְךָ הַמְּלֵאָה הַפְּתוּחָה הַקְּדוֹשָׁה וְהָרְחָבָה, שֶׁלֹּא נֵבוֹשׁ וְלֹא נִכָּלֵם לְעוֹלָם וָעֶד.

On the Sabbath add the following paragraph.

רְצֵה וְהַחֲלִיצֵנוּ יהוה אֱלֹהֵינוּ בְּמִצְוֹתֶיךָ, וּבְמִצְוַת יוֹם הַשְּׁבִיעִי הַשַּׁבָּת הַגָּדוֹל וְהַקָּדוֹשׁ הַזֶּה, כִּי יוֹם זֶה גָּדוֹל וְקָדוֹשׁ הוּא לְפָנֶיךָ, לִשְׁבָּת בּוֹ וְלָנוּחַ בּוֹ בְּאַהֲבָה כְּמִצְוַת רְצוֹנֶךָ, וּבִרְצוֹנְךָ הָנִיחַ לָנוּ יהוה אֱלֹהֵינוּ, שֶׁלֹּא תְהֵא צָרָה וְיָגוֹן וַאֲנָחָה בְּיוֹם מְנוּחָתֵנוּ, וְהַרְאֵנוּ יהוה אֱלֹהֵינוּ בְּנֶחָמַת צִיּוֹן עִירֶךָ, וּבְבִנְיַן יְרוּשָׁלַיִם עִיר קָדְשֶׁךָ, כִּי אַתָּה הוּא בַּעַל הַיְשׁוּעוֹת וּבַעַל הַנֶּחָמוֹת.

אֱלֹהֵינוּ וֵאלֹהֵי אֲבוֹתֵינוּ, יַעֲלֶה, וְיָבֹא, וְיַגִּיעַ, וְיֵרָאֶה, וְיֵרָצֶה, וְיִשָּׁמַע, וְיִפָּקֵד, וְיִזָּכֵר זִכְרוֹנֵנוּ וּפִקְדוֹנֵנוּ, וְזִכְרוֹן אֲבוֹתֵינוּ, וְזִכְרוֹן מָשִׁיחַ בֶּן דָּוִד עַבְדֶּךָ, וְזִכְרוֹן יְרוּשָׁלַיִם עִיר קָדְשֶׁךָ, וְזִכְרוֹן כָּל עַמְּךָ בֵּית יִשְׂרָאֵל לְפָנֶיךָ, לִפְלֵיטָה לְטוֹבָה לְחֵן וּלְחֶסֶד וּלְרַחֲמִים, לְחַיִּים וּלְשָׁלוֹם בְּיוֹם חַג הַמַּצּוֹת הַזֶּה. זָכְרֵנוּ יהוה אֱלֹהֵינוּ בּוֹ לְטוֹבָה, וּפָקְדֵנוּ בוֹ לִבְרָכָה, וְהוֹשִׁיעֵנוּ בוֹ לְחַיִּים. וּבִדְבַר יְשׁוּעָה וְרַחֲמִים, חוּס וְחָנֵּנוּ וְרַחֵם עָלֵינוּ וְהוֹשִׁיעֵנוּ, כִּי אֵלֶיךָ עֵינֵינוּ, כִּי אֵל חַנּוּן וְרַחוּם אָתָּה.

וּבְנֵה יְרוּשָׁלַיִם עִיר הַקֹּדֶשׁ בִּמְהֵרָה בְיָמֵינוּ.
בָּרוּךְ אַתָּה יהוה, בּוֹנֵה (בְּרַחֲמָיו) יְרוּשָׁלָיִם. אָמֵן.

REBUILD JERUSALEM, the Holy City, soon in our days.
Blessed are You, God, Who rebuilds Jerusalem (in His mercy). Amen.

BLESSED are You, our God, King of the universe, the Almighty, our Father, our King, our Sovereign, our Creator, our Redeemer, our Maker, our Holy One, Holy One of Jacob our Shepherd, the Shepherd of Israel, the good and beneficent King. For every single day He did good, does good, and will do good to us. He was bountiful with us, and will forever be bountiful with us — with grace and with lovingkindness, and with mercy, with relief, salvation, success, blessing help, consolation, sustenance, support, mercy, life, peace, and all good. and of all good, things may He never deprive us.

בָּרוּךְ אַתָּה יהוה אֱלֹהֵינוּ מֶלֶךְ הָעוֹלָם, הָאֵל אָבִינוּ מַלְכֵּנוּ אַדִּירֵנוּ בּוֹרְאֵנוּ גּוֹאֲלֵנוּ יוֹצְרֵנוּ קְדוֹשֵׁנוּ קְדוֹשׁ יַעֲקֹב, רוֹעֵנוּ רוֹעֵה יִשְׂרָאֵל, הַמֶּלֶךְ הַטּוֹב וְהַמֵּטִיב לַכֹּל, שֶׁבְּכָל יוֹם וָיוֹם הוּא הֵטִיב, הוּא מֵטִיב, הוּא יֵיטִיב לָנוּ. הוּא גְמָלָנוּ הוּא גוֹמְלֵנוּ הוּא יִגְמְלֵנוּ לָעַד, לְחֵן, וּלְחֶסֶד וּלְרַחֲמִים וּלְרֶוַח הַצָּלָה וְהַצְלָחָה, בְּרָכָה וִישׁוּעָה נֶחָמָה פַּרְנָסָה וְכַלְכָּלָה וְרַחֲמִים וְחַיִּים וְשָׁלוֹם וְכָל טוֹב, וּמִכָּל טוּב לְעוֹלָם אַל יְחַסְּרֵנוּ.

THE COMPASSIONATE ONE! May He reign over us forever. The compassionate One! May He be blessed on heaven and on earth. The compassionate One! May He be praised throughout all generations, may He be glorified through us to the ultimate ends, and be honored through us to the inscrutable everlasting. The compassionate One! May He sustain us in honor. The compassionate One! May He break the yoke of oppression from our necks and guide us erect to our land. The compassionate One! May He send us abundant blessing to this house, and upon this table at which we have eaten. The compassionate One! May He send us Elijah, the prophet — may he be remembered for good — to proclaim to us good tidings, salvations, and consolations.

הָרַחֲמָן הוּא יִמְלוֹךְ עָלֵינוּ לְעוֹלָם וָעֶד. הָרַחֲמָן הוּא יִתְבָּרַךְ בַּשָּׁמַיִם וּבָאָרֶץ. הָרַחֲמָן הוּא יִשְׁתַּבַּח לְדוֹר דּוֹרִים, וְיִתְפָּאַר בָּנוּ לָעַד וּלְנֵצַח נְצָחִים, וְיִתְהַדַּר בָּנוּ לָעַד וּלְעוֹלְמֵי עוֹלָמִים. הָרַחֲמָן הוּא יְפַרְנְסֵנוּ בְּכָבוֹד. הָרַחֲמָן הוּא יִשְׁבּוֹר עֻלֵּנוּ מֵעַל צַוָּארֵנוּ, וְהוּא יוֹלִיכֵנוּ קוֹמְמִיּוּת לְאַרְצֵנוּ. הָרַחֲמָן הוּא יִשְׁלַח לָנוּ בְּרָכָה מְרֻבָּה בַּבַּיִת הַזֶּה, וְעַל שֻׁלְחָן זֶה שֶׁאָכַלְנוּ עָלָיו. הָרַחֲמָן הוּא יִשְׁלַח לָנוּ אֶת אֵלִיָּהוּ הַנָּבִיא זָכוּר לַטּוֹב, וִיבַשֶּׂר לָנוּ בְּשׂוֹרוֹת טוֹבוֹת יְשׁוּעוֹת וְנֶחָמוֹת.

Those eating at their own table recite the following, adding the appropriate parenthesized phrases:

The compassionate One! May He bless me, (my wife/husband and family) and all that is mine.

הָרַחֲמָן הוּא יְבָרֵךְ אוֹתִי (וְאֶת אִשְׁתִּי /בַּעְלִי וְאֶת זַרְעִי) וְאֶת כָּל אֲשֶׁר לִי.

Guests recite the following [children at their parents' table add the words in parentheses]:

The compassionate One! May He bless [(my father, my teacher) the master of this house, and (my mother, my teacher) lady of this house)] them, their house, their family, and all that is theirs,

הָרַחֲמָן הוּא יְבָרֵךְ אֶת (אָבִי מוֹרִי) בַּעַל הַבַּיִת הַזֶּה, וְאֶת (אִמִּי מוֹרָתִי) בַּעֲלַת הַבַּיִת הַזֶּה, אוֹתָם וְאֶת בֵּיתָם וְאֶת זַרְעָם וְאֶת כָּל אֲשֶׁר לָהֶם.

All continue here:

ours and all that is ours — just as our forefathers Abraham, Isaac, and Jacob were blessed in everything from everything, with everything. So may He bless us all together with perfect blessing. And let us say: Amen!

אוֹתָנוּ וְאֶת כָּל אֲשֶׁר לָנוּ, כְּמוֹ שֶׁנִּתְבָּרְכוּ אֲבוֹתֵינוּ אַבְרָהָם יִצְחָק וְיַעֲקֹב בַּכֹּל מִכֹּל כֹּל, כֵּן יְבָרֵךְ אוֹתָנוּ כֻּלָּנוּ יַחַד בִּבְרָכָה שְׁלֵמָה, וְנֹאמַר, אָמֵן.

ON HIGH, may merit be pleaded upon them and upon us, for a safeguard of peace. May we receive a blessing from God, and just kindness from the God of our salvation, and find favor and understanding in the eyes of God and man.[1]

בַּמָּרוֹם יְלַמְּדוּ עֲלֵיהֶם וְעָלֵינוּ זְכוּת, שֶׁתְּהֵא לְמִשְׁמֶרֶת שָׁלוֹם. וְנִשָּׂא בְרָכָה מֵאֵת יהוה, וּצְדָקָה מֵאֱלֹהֵי יִשְׁעֵנוּ, וְנִמְצָא חֵן וְשֵׂכֶל טוֹב בְּעֵינֵי אֱלֹהִים וְאָדָם.[1]

On the Sabbath add the following sentence:

The Compassionate One ! May He cause us to inherit the day which will be completely a Sabbath and rest day for eternal life.

הָרַחֲמָן הוּא יַנְחִילֵנוּ יוֹם שֶׁכֻּלּוֹ שַׁבָּת וּמְנוּחָה לְחַיֵּי הָעוֹלָמִים.

At all times continue here. The words in parentheses are added on the two seder nights in some communities.

THE COMPASSIONATE ONE! May He cause us to inherit that day which is altogether good, (that everlasting day, the day when the just sit with crowns on their heads, enjoying the reflection of God's majesty and may our portion be with them)!

הָרַחֲמָן הוּא יַנְחִילֵנוּ יוֹם שֶׁכֻּלּוֹ טוֹב (יוֹם שֶׁכֻּלּוֹ אָרוּךְ, יוֹם שֶׁצַּדִּיקִים יוֹשְׁבִים וְעַטְרוֹתֵיהֶם בְּרָאשֵׁיהֶם וְנֶהֱנִים מִזִּיו הַשְּׁכִינָה, וִיהִי חֶלְקֵנוּ עִמָּהֶם).

THE COMPASSIONATE ONE! May He make us worthy to attain the days of Messiah and the life of the World to Come. He Who is a tower of salvations to His king and shows loving-kindness to His anointed, to David and his descendants forever.[2] He Who makes harmony in His heavenly heights, may He make harmony for us and for all Israel. Say: Amen!

הָרַחֲמָן הוּא יְזַכֵּנוּ לִימוֹת הַמָּשִׁיחַ וּלְחַיֵּי הָעוֹלָם הַבָּא. מִגְדּוֹל יְשׁוּעוֹת מַלְכּוֹ וְעֹשֶׂה חֶסֶד לִמְשִׁיחוֹ לְדָוִד וּלְזַרְעוֹ עַד עוֹלָם.[2] עֹשֶׂה שָׁלוֹם בִּמְרוֹמָיו, הוּא יַעֲשֶׂה שָׁלוֹם עָלֵינוּ וְעַל כָּל יִשְׂרָאֵל. וְאִמְרוּ, אָמֵן.

FEAR GOD, His holy ones, for those who fear Him feel no deprivation.[3] Young lions may feel want and hunger, but those who seek God will not lack any good. Give thanks to God for He is good; His lovingkindness is eternal.[4] You open Your hand and satisfy the desire of every living thing.[5] Blessed is the man who trusts in God, and God will be his trust.[6] I was a youth and also have aged, and I have not seen a righteous man forsaken, with his children begging for bread.[7] God will give might to His nation; God will bless His nation with peace.[8]

יְראוּ אֶת יהוה קְדֹשָׁיו, כִּי אֵין מַחְסוֹר לִירֵאָיו.[3] כְּפִירִים רָשׁוּ וְרָעֵבוּ, וְדֹרְשֵׁי יהוה לֹא יַחְסְרוּ כָל טוֹב. הוֹדוּ לַיהוה כִּי טוֹב, כִּי לְעוֹלָם חַסְדּוֹ.[4] פּוֹתֵחַ אֶת יָדֶךָ, וּמַשְׂבִּיעַ לְכָל חַי רָצוֹן.[5] בָּרוּךְ הַגֶּבֶר אֲשֶׁר יִבְטַח בַּיהוה, וְהָיָה יהוה מִבְטַחוֹ.[6] נַעַר הָיִיתִי גַּם זָקַנְתִּי, וְלֹא רָאִיתִי צַדִּיק נֶעֱזָב, וְזַרְעוֹ מְבַקֶּשׁ לָחֶם.[7] יהוה עֹז לְעַמּוֹ יִתֵּן, יהוה יְבָרֵךְ אֶת עַמּוֹ בַשָּׁלוֹם.[8]

---

(1) Cf. *Proverbs* 3:4. (2) *Psalms* 18:51. (3) 34:10-11. (4) 136:1 et al. (5) 145:16. (6) *Jeremiah* 17:7. (7) *Psalms* 37:25. (8) 29:11.

THIRD CUP   כּוֹס שְׁלִישִׁי

Upon completion of Bircas HaMazon the blessing over wine is recited and the third cup is drunk while reclining on the left side. It is preferable to drink the entire cup, but at the very least, most of the cup should be drained.

בָּרוּךְ אַתָּה יהוה אֱלֹהֵינוּ מֶלֶךְ הָעוֹלָם, בּוֹרֵא פְּרִי הַגָּפֶן.

BLESSED are You, our God, King of the universe, Who creates the fruit of the vine.

Baruch atah Adonai Elohaynu melech ha-olam bo-ray p'riy hagofen.

The fourth cup is poured. According to most customs, the Cup of Elijah is poured at this point, after which the door is opened in accordance with the verse, *"It is a guarded night."* Then the following paragraph is recited.

שְׁפֹךְ חֲמָתְךָ אֶל הַגּוֹיִם אֲשֶׁר לֹא יְדָעוּךָ וְעַל
מַמְלָכוֹת אֲשֶׁר בְּשִׁמְךָ לֹא קָרָאוּ. כִּי
אָכַל אֶת יַעֲקֹב וְאֶת נָוֵהוּ הֵשַׁמּוּ.[1] שְׁפָךְ עֲלֵיהֶם
זַעְמְךָ וַחֲרוֹן אַפְּךָ יַשִּׂיגֵם.[2] תִּרְדֹּף בְּאַף וְתַשְׁמִידֵם
מִתַּחַת שְׁמֵי יהוה.[3]

POUR Your wrath upon the nations that do not recognize You and upon the kingdoms that do not invoke Your Name. For they have devoured Jacob and destroyed His dwelling.[1] Pour Your fury on them and let Your fiery wrath overtake them.[2] Pursue them with wrath and annihilate them from beneath the heavens of God.

Question:
How can we sing songs of celebration when Egyptians by the thousands are being killed? Aren't the Egyptians also God's creation?

Clue:
Do we praise the death of our enemy or our Divine gift of freedom to serve God? How do nations ever celebrate victories when at the same time millions may have perished? Is there a difference between those whose lives are saved and those who are merely observers.

13. HALLEL

HALLEL הלל

The door is closed and the recitation of the Haggadah is continued.

NOT FOR OUR SAKE, O Lord, not for our sake, but for Your Name's sake give glory, for the sake of Your kindness and Your truth! Why should the nations say: 'Where is their God?' Our God is in the heavens; whatever He pleases, He does! Their idols are silver and gold, the handiwork of man. They have a mouth, but cannot speak; they have eyes, but cannot see; they have ears, but cannot hear; they have a nose, but cannot smell; their hands – they cannot feel; their feet – they cannot walk; nor can they utter a sound with their throat. Those who make them should become like them, whoever trusts in them. O Israel! Trust in God – He is their help and shield! House of Aaron! Trust in God! He is their help and shield. You who fear God! trust in God, He is their help and shield!

לֹא לָנוּ יהוה לֹא לָנוּ, כִּי לְשִׁמְךָ תֵּן כָּבוֹד, עַל חַסְדְּךָ עַל אֲמִתֶּךָ. לָמָּה יֹאמְרוּ הַגּוֹיִם, אַיֵּה נָא אֱלֹהֵיהֶם. וֵאלֹהֵינוּ בַשָּׁמָיִם, כֹּל אֲשֶׁר חָפֵץ עָשָׂה. עֲצַבֵּיהֶם כֶּסֶף וְזָהָב, מַעֲשֵׂה יְדֵי אָדָם. פֶּה לָהֶם וְלֹא יְדַבֵּרוּ, עֵינַיִם לָהֶם וְלֹא יִרְאוּ. אָזְנַיִם לָהֶם וְלֹא יִשְׁמָעוּ, אַף לָהֶם וְלֹא יְרִיחוּן. יְדֵיהֶם וְלֹא יְמִישׁוּן, רַגְלֵיהֶם וְלֹא יְהַלֵּכוּ, לֹא יֶהְגּוּ בִּגְרוֹנָם. כְּמוֹהֶם יִהְיוּ עֹשֵׂיהֶם, כֹּל אֲשֶׁר בֹּטֵחַ בָּהֶם. יִשְׂרָאֵל בְּטַח בַּיהוה, עֶזְרָם וּמָגִנָּם הוּא. בֵּית אַהֲרֹן בִּטְחוּ בַיהוה, עֶזְרָם וּמָגִנָּם הוּא. יִרְאֵי יהוה בִּטְחוּ בַיהוה, עֶזְרָם וּמָגִנָּם הוּא.

GOD Who has remembered us will bless – He will bless the house of Israel; He will bless the house of Aaron; He will bless those who fear God, the small as well as the great. May God add upon you, upon you and your children! You are blessed of God, Maker of heaven and earth. As for the heavens – the heavens are Gods, but the earth He has given to mankind. Neither the dead can praise God, nor any who descend into silence; but we will bless God henceforth and forever. Halleluyah!

יהוה זְכָרָנוּ יְבָרֵךְ, יְבָרֵךְ אֶת בֵּית יִשְׂרָאֵל, יְבָרֵךְ אֶת בֵּית אַהֲרֹן. יְבָרֵךְ יִרְאֵי יהוה, הַקְּטַנִּים עִם הַגְּדֹלִים. יֹסֵף יהוה עֲלֵיכֶם, עֲלֵיכֶם וְעַל בְּנֵיכֶם. בְּרוּכִים אַתֶּם לַיהוה, עֹשֵׂה שָׁמַיִם וָאָרֶץ. הַשָּׁמַיִם שָׁמַיִם לַיהוה, וְהָאָרֶץ נָתַן לִבְנֵי אָדָם. לֹא הַמֵּתִים יְהַלְלוּ יָהּ, וְלֹא כָּל יֹרְדֵי דוּמָה. וַאֲנַחְנוּ נְבָרֵךְ יָהּ, מֵעַתָּה וְעַד עוֹלָם, הַלְלוּיָהּ.

I LOVE HIM for God hears my voice, my supplications. For He has inclined His ear to me, all my days I will call upon Him. The ropes of death encompassed me; the confines of the grave have found me; trouble and sorrow I have found. Then I called upon the Name of God: 'Please, God, save my soul,' Gracious is God, and righteous, our God is merciful. The Lord protects the simple; I was brought low but He saved me. Return to your rest, my soul, for God has been kind to you. You delivered my soul from death, my eyes from tears and my feet from stumbling. I shall walk before the Lord in the lands of the living. I kept faith although I say: 'I suffer exceedingly.' I said in my haste: 'All mankind is deceitful.'

אָהַבְתִּי כִּי יִשְׁמַע יהוה, אֶת קוֹלִי תַּחֲנוּנָי. כִּי הִטָּה אָזְנוֹ לִי, וּבְיָמַי אֶקְרָא. אֲפָפוּנִי חֶבְלֵי מָוֶת, וּמְצָרֵי שְׁאוֹל מְצָאוּנִי, צָרָה וְיָגוֹן אֶמְצָא. וּבְשֵׁם יהוה אֶקְרָא, אָנָּה יהוה מַלְּטָה נַפְשִׁי. חַנּוּן יהוה וְצַדִּיק, וֵאלֹהֵינוּ מְרַחֵם. שֹׁמֵר פְּתָאִים יהוה, דַּלּוֹתִי וְלִי יְהוֹשִׁיעַ. שׁוּבִי נַפְשִׁי לִמְנוּחָיְכִי, כִּי יהוה גָּמַל עָלָיְכִי. כִּי חִלַּצְתָּ נַפְשִׁי מִמָּוֶת, אֶת עֵינִי מִן דִּמְעָה, אֶת רַגְלִי מִדֶּחִי. אֶתְהַלֵּךְ לִפְנֵי יהוה, בְּאַרְצוֹת הַחַיִּים. הֶאֱמַנְתִּי כִּי אֲדַבֵּר, אֲנִי עָנִיתִי מְאֹד. אֲנִי אָמַרְתִּי בְחָפְזִי, כָּל הָאָדָם כֹּזֵב.

HOW CAN I REPAY God for all His kindness to me? I will raise the cup of salvations, and invoke the Name of God. My vows to God will I pay in the presence now of His entire people. Precious in the eyes of God is the death for His devout ones. Please, God – for I am Your servant, I am Your servant, the son of Your handmaid – You have released my bonds. To You I sacrifice thanksgiving offerings, and the Name of God will I invoke. My vows to God will I pay in the presence of all His entire people; in the courtyards of the House of God, in your midst, O Jerusalem, Halleluyah.

מָה אָשִׁיב לַיהוה, כָּל תַּגְמוּלוֹהִי עָלָי. כּוֹס יְשׁוּעוֹת אֶשָּׂא, וּבְשֵׁם יהוה אֶקְרָא. נְדָרַי לַיהוה אֲשַׁלֵּם, נֶגְדָה נָּא לְכָל עַמּוֹ. יָקָר בְּעֵינֵי יהוה, הַמָּוְתָה לַחֲסִידָיו. אָנָּה יהוה כִּי אֲנִי עַבְדֶּךָ, אֲנִי עַבְדְּךָ, בֶּן אֲמָתֶךָ, פִּתַּחְתָּ לְמוֹסֵרָי. לְךָ אֶזְבַּח זֶבַח תּוֹדָה, וּבְשֵׁם יהוה אֶקְרָא. נְדָרַי לַיהוה אֲשַׁלֵּם, נֶגְדָה נָּא לְכָל עַמּוֹ. בְּחַצְרוֹת בֵּית יהוה, בְּתוֹכֵכִי יְרוּשָׁלָיִם הַלְלוּיָהּ.

PRAISE God, all you nations; praise Him, all you peoples! For His kindness to us was overwhelming, and the truth of God is eternal. Halleluyah!

GIVE THANKS to God for He is good;
His kindness endures forever!
Let Israel say: His kindness endures forever!
Let the house of Aaron say:
His kindness endures forever!
Let those who fear God say:
His kindness endures forever!

FROM THE STRAITS did I call to God; God answered me with expansiveness. God is with me, I have no fear; how can man affect me? God is with me through my helpers; therefore I can face my foes. It is better to take refuge in God than to rely on man. It is better to take refuge in God than to rely on princes. All nations encompass me; but in the name of God I cut them down. They encompass me. They swarm around me like bees, but they are extinguished as a fire does thorns; in the name of God I cut them down! You pushed me hard that I might fall, but God assisted me. My strength and song is God; He became my salvation. The sound of rejoicing and salvation is in the tents of the righteous. 'The right hand of God does valiantly! The right hand of God is raised triumphantly! The right hand of God does valiantly!' I shall not die! I shall live and relate the deeds of God. God chastised me exceedingly but He did not let me die. Open for me the gates of righteousness, I will enter them and thank God. This is the gate of God; the righteous shall enter through it. I thank You for You answered me and became my salvation! I thank You, for You answered me and became my salvation! The stone which the builders despised has become the cornerstone. The stone the builders despised has become the cornerstone. This emanated from God; it is wondrous in our eyes. This emanated from God; it is wondrous in our eyes. This is the day God made; let us rejoice and be glad on it. This is the day God made; let us rejoice and be glad on it.

We beseech You, God, save us!
We beseech You, God, save us!
We beseech You, God, grant us success!
We beseech You, God, grant us success!

BLESSED is he who comes in the Name of God; we bless you from the House of God. Blessed is he who comes in the Name of God; we bless you from the House of God. God is and He will give us light. Bind the festival sacrifice with cords, leading it up to the corners of the altar. God is and He will give us light. Bind the festival sacrifice with cords, leading it up to the corners of the altar. You are my God and I will thank You. My God — I will exalt You. You are my God and I will thank You. My God — I will exalt You. Give thanks to God for He is good, for His kindness is eternal. Give thanks to God for He is good, for His kindness is eternal.

הַלְלוּ אֶת יהוה, כָּל גּוֹיִם, שַׁבְּחוּהוּ כָּל הָאֻמִּים. כִּי גָבַר עָלֵינוּ חַסְדּוֹ, וֶאֱמֶת יהוה לְעוֹלָם, הַלְלוּיָהּ.

הוֹדוּ לַיהוה כִּי טוֹב, כִּי לְעוֹלָם חַסְדּוֹ.
יֹאמַר נָא יִשְׂרָאֵל, כִּי לְעוֹלָם חַסְדּוֹ.
יֹאמְרוּ נָא בֵית אַהֲרֹן, כִּי לְעוֹלָם חַסְדּוֹ.
יֹאמְרוּ נָא יִרְאֵי יהוה, כִּי לְעוֹלָם חַסְדּוֹ.

מִן הַמֵּצַר קָרָאתִי יָּהּ, עָנָנִי בַמֶּרְחָב יָהּ. יהוה לִי לֹא אִירָא, מַה יַּעֲשֶׂה לִי אָדָם. יהוה לִי בְּעֹזְרָי, וַאֲנִי אֶרְאֶה בְשֹׂנְאָי. טוֹב לַחֲסוֹת בַּיהוה, מִבְּטֹחַ בָּאָדָם. טוֹב לַחֲסוֹת בַּיהוה, מִבְּטֹחַ בִּנְדִיבִים. כָּל גּוֹיִם סְבָבוּנִי, בְּשֵׁם יהוה כִּי אֲמִילַם. סַבּוּנִי גַם סְבָבוּנִי, בְּשֵׁם יהוה כִּי אֲמִילַם. סַבּוּנִי כִדְבֹרִים דֹּעֲכוּ כְּאֵשׁ קוֹצִים, בְּשֵׁם יהוה כִּי אֲמִילַם. דָּחֹה דְחִיתַנִי לִנְפֹּל, וַיהוה עֲזָרָנִי. עָזִּי וְזִמְרָת יָהּ, וַיְהִי לִי לִישׁוּעָה. קוֹל רִנָּה וִישׁוּעָה, בְּאָהֳלֵי צַדִּיקִים, יְמִין יהוה עֹשָׂה חָיִל. יְמִין יהוה רוֹמֵמָה, יְמִין יהוה עֹשָׂה חָיִל. לֹא אָמוּת כִּי אֶחְיֶה, וַאֲסַפֵּר מַעֲשֵׂי יָהּ. יַסֹּר יִסְּרַנִּי יָּהּ, וְלַמָּוֶת לֹא נְתָנָנִי. פִּתְחוּ לִי שַׁעֲרֵי צֶדֶק, אָבֹא בָם אוֹדֶה יָהּ. זֶה הַשַּׁעַר לַיהוה, צַדִּיקִים יָבֹאוּ בוֹ. אוֹדְךָ כִּי עֲנִיתָנִי, וַתְּהִי לִי לִישׁוּעָה. אוֹדְךָ כִּי עֲנִיתָנִי, וַתְּהִי לִי לִישׁוּעָה. אֶבֶן מָאֲסוּ הַבּוֹנִים, הָיְתָה לְרֹאשׁ פִּנָּה. אֶבֶן מָאֲסוּ הַבּוֹנִים, הָיְתָה לְרֹאשׁ פִּנָּה. מֵאֵת יהוה הָיְתָה זֹּאת, הִיא נִפְלָאת בְּעֵינֵינוּ. מֵאֵת יהוה הָיְתָה זֹּאת, הִיא נִפְלָאת בְּעֵינֵינוּ. זֶה הַיּוֹם עָשָׂה יהוה, נָגִילָה וְנִשְׂמְחָה בוֹ. זֶה הַיּוֹם עָשָׂה יהוה, נָגִילָה וְנִשְׂמְחָה בוֹ.

אָנָּא יהוה הוֹשִׁיעָה נָּא.
אָנָּא יהוה הוֹשִׁיעָה נָּא.
אָנָּא יהוה הַצְלִיחָה נָּא.
אָנָּא יהוה הַצְלִיחָה נָּא.

בָּרוּךְ הַבָּא בְּשֵׁם יהוה, בֵּרַכְנוּכֶם מִבֵּית יהוה. בָּרוּךְ הַבָּא בְּשֵׁם יהוה, בֵּרַכְנוּכֶם מִבֵּית יהוה. אֵל יהוה וַיָּאֶר לָנוּ, אִסְרוּ חַג בַּעֲבֹתִים, עַד קַרְנוֹת הַמִּזְבֵּחַ. אֵל יהוה וַיָּאֶר לָנוּ, אִסְרוּ חַג בַּעֲבֹתִים, עַד קַרְנוֹת הַמִּזְבֵּחַ. אֵלִי אַתָּה וְאוֹדֶךָּ, אֱלֹהַי אֲרוֹמְמֶךָּ. אֵלִי אַתָּה וְאוֹדֶךָּ, אֱלֹהַי אֲרוֹמְמֶךָּ. הוֹדוּ לַיהוה כִּי טוֹב, כִּי לְעוֹלָם חַסְדּוֹ. הוֹדוּ לַיהוה כִּי טוֹב, כִּי לְעוֹלָם חַסְדּוֹ.

ALL YOUR WORKS, GOD, WILL PRAISE YOU,

and Your pious ones, the righteous who perform Your will. And all Your people, the House of Israel, with song, will thank, bless, laud, glorify, exalt, adulate, sanctify, and acknowledge the majesty of Your Name, our King, for to You it is good to give thanks, and to Your Name it is proper to sing, because You are God for eternity. Blessed are You, God, the King Who is extolled in praises.

GIVE THANKS TO GOD FOR HE IS GOOD – FOR HIS KINDNESS IS ETERNAL.

Give thanks to the God of gods – for His kindness is eternal.
Give thanks to the Master of masters –
    for His kindness is eternal.
To Him Who does great wonders alone –
    for His kindness is eternal.
To Him Who makes the heavens with understanding –
    for His kindness is eternal.
To Him Who stretches the earth over the water –
    for His kindness is eternal.
To Him Who makes the great lights –
    for His kindness is eternal.
The sun for the reign of day – for His kindness is eternal.
The moon and the stars for the reign of night –
    for His kindness is eternal.
To Him Who smote the firstborn of the Egyptians –
    for His kindness is eternal.
And brought Israel out from among them –
    for His kindness is eternal.
With a strong hand and an outstretched arm –
    for His kindness is eternal.
To Him Who divided the Reed Sea into parts –
    for His kindness is eternal.
And had Israel pass through it –
    for His kindness is eternal.
And tossed Pharaoh and his army into the Reed Sea –
    for His kindness is eternal.
To Him Who led His people through the desert –
    for His kindness is eternal.
To Him Who smote great kings – for His kindness is eternal.
And killed mighty kings –   for His kindness is eternal.
Sichon, king of the Emorites – for His kindness is eternal.
And Og, king of Bashan –   for His kindness is eternal.
And gave their lands as an inheritance –
    for His kindness is eternal.
An inheritance to Israel, His servant –
    for His kindness is eternal.
Who remembered us in our lowliness –
    for His kindness is eternal.
And redeemed us from our enemies –
    for His kindness is eternal.
He gives food to all living creatures –
    for His kindness is eternal.
Give thanks to God of the heavens –
    for His kindness is eternal.

THE SOUL of every living being will bless Your Name, God, and the spirit of all flesh will constantly glorify and exalt Your remembrance, our King. You are God forever, and besides You we have no king, redeemer, savior, liberator, deliverer, supporter, or source of mercy

יְהַלְלוּךָ יהוה אֱלֹהֵינוּ כָּל מַעֲשֶׂיךָ, וַחֲסִידֶיךָ צַדִּיקִים עוֹשֵׂי רְצוֹנֶךָ, וְכָל עַמְּךָ בֵּית יִשְׂרָאֵל בְּרִנָּה יוֹדוּ וִיבָרְכוּ וִישַׁבְּחוּ וִיפָאֲרוּ וִירוֹמְמוּ וְיַעֲרִיצוּ וְיַקְדִּישׁוּ וְיַמְלִיכוּ אֶת שִׁמְךָ מַלְכֵּנוּ, כִּי לְךָ טוֹב לְהוֹדוֹת וּלְשִׁמְךָ נָאֶה לְזַמֵּר, כִּי מֵעוֹלָם וְעַד עוֹלָם אַתָּה אֵל.

הוֹדוּ לַיהוה כִּי טוֹב כִּי לְעוֹלָם חַסְדּוֹ.

הוֹדוּ לֵאלֹהֵי הָאֱלֹהִים   כִּי לְעוֹלָם חַסְדּוֹ.
הוֹדוּ לַאֲדֹנֵי הָאֲדֹנִים   כִּי לְעוֹלָם חַסְדּוֹ.
לְעֹשֵׂה נִפְלָאוֹת גְּדֹלוֹת לְבַדּוֹ
    כִּי לְעוֹלָם חַסְדּוֹ.
לְעֹשֵׂה הַשָּׁמַיִם בִּתְבוּנָה   כִּי לְעוֹלָם חַסְדּוֹ.
לְרֹקַע הָאָרֶץ עַל הַמָּיִם   כִּי לְעוֹלָם חַסְדּוֹ.
לְעֹשֵׂה אוֹרִים גְּדֹלִים   כִּי לְעוֹלָם חַסְדּוֹ.
אֶת הַשֶּׁמֶשׁ לְמֶמְשֶׁלֶת בַּיּוֹם
    כִּי לְעוֹלָם חַסְדּוֹ.
אֶת הַיָּרֵחַ וְכוֹכָבִים לְמֶמְשְׁלוֹת בַּלָּיְלָה
    כִּי לְעוֹלָם חַסְדּוֹ.
לְמַכֵּה מִצְרַיִם בִּבְכוֹרֵיהֶם   כִּי לְעוֹלָם חַסְדּוֹ.
וַיּוֹצֵא יִשְׂרָאֵל מִתּוֹכָם   כִּי לְעוֹלָם חַסְדּוֹ.
בְּיָד חֲזָקָה וּבִזְרוֹעַ נְטוּיָה   כִּי לְעוֹלָם חַסְדּוֹ.
לְגֹזֵר יַם סוּף לִגְזָרִים   כִּי לְעוֹלָם חַסְדּוֹ.
וְהֶעֱבִיר יִשְׂרָאֵל בְּתוֹכוֹ   כִּי לְעוֹלָם חַסְדּוֹ.
וְנִעֵר פַּרְעֹה וְחֵילוֹ בְיַם סוּף
    כִּי לְעוֹלָם חַסְדּוֹ.
לְמוֹלִיךְ עַמּוֹ בַּמִּדְבָּר   כִּי לְעוֹלָם חַסְדּוֹ.
לְמַכֵּה מְלָכִים גְּדֹלִים   כִּי לְעוֹלָם חַסְדּוֹ.
וַיַּהֲרֹג מְלָכִים אַדִּירִים   כִּי לְעוֹלָם חַסְדּוֹ.
לְסִיחוֹן מֶלֶךְ הָאֱמֹרִי   כִּי לְעוֹלָם חַסְדּוֹ.
וּלְעוֹג מֶלֶךְ הַבָּשָׁן   כִּי לְעוֹלָם חַסְדּוֹ.
וְנָתַן אַרְצָם לְנַחֲלָה   כִּי לְעוֹלָם חַסְדּוֹ.
נַחֲלָה לְיִשְׂרָאֵל עַבְדּוֹ   כִּי לְעוֹלָם חַסְדּוֹ.
שֶׁבְּשִׁפְלֵנוּ זָכַר לָנוּ   כִּי לְעוֹלָם חַסְדּוֹ.
וַיִּפְרְקֵנוּ מִצָּרֵינוּ   כִּי לְעוֹלָם חַסְדּוֹ.
נֹתֵן לֶחֶם לְכָל בָּשָׂר   כִּי לְעוֹלָם חַסְדּוֹ.
הוֹדוּ לְאֵל הַשָּׁמָיִם   כִּי לְעוֹלָם חַסְדּוֹ.

נִשְׁמַת כָּל חַי תְּבָרֵךְ אֶת שִׁמְךָ יהוה אֱלֹהֵינוּ, וְרוּחַ כָּל בָּשָׂר תְּפָאֵר וּתְרוֹמֵם זִכְרְךָ מַלְכֵּנוּ תָּמִיד. מִן הָעוֹלָם וְעַד הָעוֹלָם אַתָּה אֵל, וּמִבַּלְעָדֶיךָ אֵין לָנוּ מֶלֶךְ גּוֹאֵל וּמוֹשִׁיעַ. פּוֹדֶה וּמַצִּיל וּמְפַרְנֵס וּמְרַחֵם

at any time of trouble or distress. We have no God but You, God of the first and the last, God of all creatures, Master of all generations, extolled with many praises, Who conducts His world with kindness and His creatures with mercy. God does not doze or slumber. He wakes those who sleep and arouses those who slumber. He makes the mute speak. He releases the imprisoned, supports those who fall, and straightens those who are bent over. You alone we thank. Even if our mouths were as full of song as the sea, and our tongue full of joyous melody as its many waves, and our lips full of praise as the expanses of the firmament, and our eyes illuminating as the sun and the moon, and our arms spread wide as the eagles of the skies, and our feet as fleet as antelopes, we still could not sufficiently praise You or bless Your Name, God and the God of our fathers, for even a thousandth or a ten-thousandth of the good that You have done for our ancestors and for us. You redeemed us from Egypt, God, and delivered us from the house of bondage. You have fed us in famine and sustained us in plenty. You have saved us from the sword, rescued us from epidemic, and spared us from severe and enduring diseases. Your mercy has helped us until this time and Your kindness has not abandoned us. Our God, do not ever desert us. Therefore the limbs which You have carved in us, the spirit and soul that You have blown into our nostrils, the tongue that You have put into our mouths – they will thank, bless, laud, glorify, exalt, adulate, sanctify, and do homage to Your Name, our King. For every mouth gives thanks to You, every tongue vows allegiance to You, every knee bends to You, every stature bows before You, every heart fears You, and all internal organs sing out to Your Name. As it is written, "All my bones say, God: Who is like You, Who saves the poor man from one stronger than he, and the poor and impoverished from the one who seeks to rob him?" Who can resemble You? Who can compare to You? Who can estimate You? The great, mighty, and awesome God, the supreme God, Creator of heavens and earth. We will praise You, laud You, glorify You, and bless Your holy Name, as it says: "Of David: my soul blesses God and all my insides bless His holy Name."

O GOD, in the supremacies of Your might! You Who are great in the glory of Your name, Who are mighty forever and fearful through Your awe-inspiring deeds! The King Who sits upon a high and exalted throne!

HE WHO DWELLS in eternity, high and holy is His Name. As it is written, "Let the righteous rejoice in God. It is fitting for the upright to extol."[2] By the mouth of the upright You shall be praised. And by the words of the righteous You shall be blessed. And by the tongue of the pious You shall be exalted. And amid the holy You shall be sanctified.

בְּכָל עֵת צָרָה וְצוּקָה. אֵין לָנוּ מֶלֶךְ אֶלָּא אָתָּה. אֱלֹהֵי הָרִאשׁוֹנִים וְהָאַחֲרוֹנִים אֱלוֹהַּ כָּל בְּרִיּוֹת אֲדוֹן כָּל תּוֹלָדוֹת הַמְהֻלָּל בְּרֹב הַתִּשְׁבָּחוֹת הַמְנַהֵג עוֹלָמוֹ בְּחֶסֶד וּבְרִיּוֹתָיו בְּרַחֲמִים וַיהוה לֹא יָנוּם וְלֹא יִישָׁן. הַמְעוֹרֵר יְשֵׁנִים וְהַמֵּקִיץ נִרְדָּמִים וְהַמֵּשִׂיחַ אִלְּמִים וְהַמַּתִּיר אֲסוּרִים וְהַסּוֹמֵךְ נוֹפְלִים וְהַזּוֹקֵף כְּפוּפִים לְךָ לְבַדְּךָ אֲנַחְנוּ מוֹדִים. אִלּוּ פִינוּ מָלֵא שִׁירָה כַּיָּם וּלְשׁוֹנֵנוּ רִנָּה כַּהֲמוֹן גַּלָּיו וְשִׂפְתוֹתֵינוּ שֶׁבַח כְּמֶרְחֲבֵי רָקִיעַ וְעֵינֵינוּ מְאִירוֹת כַּשֶּׁמֶשׁ וְכַיָּרֵחַ וְיָדֵינוּ פְרוּשׂוֹת כְּנִשְׁרֵי שָׁמָיִם וְרַגְלֵינוּ קַלּוֹת כָּאַיָּלוֹת, אֵין אֲנַחְנוּ מַסְפִּיקִים לְהוֹדוֹת לְךָ יהוה אֱלֹהֵינוּ וֵאלֹהֵי אֲבוֹתֵינוּ וּלְבָרֵךְ אֶת שְׁמֶךָ עַל אַחַת מֵאָלֶף אֶלֶף אַלְפֵי אֲלָפִים וְרִבֵּי רְבָבוֹת פְּעָמִים הַטּוֹבוֹת שֶׁעָשִׂיתָ עִם אֲבוֹתֵינוּ וְעִמָּנוּ. מִמִּצְרַיִם גְּאַלְתָּנוּ יהוה אֱלֹהֵינוּ וּמִבֵּית עֲבָדִים פְּדִיתָנוּ בְּרָעָב זַנְתָּנוּ וּבְשָׂבָע כִּלְכַּלְתָּנוּ מֵחֶרֶב הִצַּלְתָּנוּ וּמִדֶּבֶר מִלַּטְתָּנוּ וּמֵחֳלָיִם רָעִים וְנֶאֱמָנִים דִּלִּיתָנוּ. עַד הֵנָּה עֲזָרוּנוּ רַחֲמֶיךָ וְלֹא עֲזָבוּנוּ חֲסָדֶיךָ וְאַל תִּטְּשֵׁנוּ יהוה אֱלֹהֵינוּ לָנֶצַח. עַל כֵּן אֵבָרִים שֶׁפִּלַּגְתָּ בָּנוּ וְרוּחַ וּנְשָׁמָה שֶׁנָּפַחְתָּ בְּאַפֵּינוּ וְלָשׁוֹן אֲשֶׁר שַׂמְתָּ בְּפִינוּ הֵן הֵם יוֹדוּ וִיבָרְכוּ וִישַׁבְּחוּ וִיפָאֲרוּ וִירוֹמְמוּ וְיַעֲרִיצוּ וְיַקְדִּישׁוּ וְיַמְלִיכוּ אֶת שִׁמְךָ מַלְכֵּנוּ. כִּי כָל פֶּה לְךָ יוֹדֶה וְכָל לָשׁוֹן לְךָ תִשָּׁבַע וְכָל בֶּרֶךְ לְךָ תִכְרַע וְכָל קוֹמָה לְפָנֶיךָ תִשְׁתַּחֲוֶה וְכָל לְבָבוֹת יִירָאוּךָ וְכָל קֶרֶב וּכְלָיוֹת יְזַמְּרוּ לִשְׁמֶךָ. כַּדָּבָר שֶׁכָּתוּב כָּל עַצְמֹתַי תֹּאמַרְנָה יהוה מִי כָמוֹךָ מַצִּיל עָנִי מֵחָזָק מִמֶּנּוּ וְעָנִי וְאֶבְיוֹן מִגֹּזְלוֹ. מִי יִדְמֶה לָּךְ וּמִי יִשְׁוֶה לָּךְ וּמִי יַעֲרָךְ לָךְ הָאֵל הַגָּדוֹל הַגִּבּוֹר וְהַנּוֹרָא אֵל עֶלְיוֹן קֹנֵה שָׁמַיִם וָאָרֶץ. נְהַלֶּלְךָ וּנְשַׁבֵּחֲךָ וּנְפָאֶרְךָ וּנְבָרֵךְ אֶת שֵׁם קָדְשֶׁךָ כָּאָמוּר לְדָוִד בָּרְכִי נַפְשִׁי אֶת יהוה וְכָל קְרָבַי אֶת שֵׁם קָדְשׁוֹ.

הָאֵל בְּתַעֲצֻמוֹת עֻזֶּךָ הַגָּדוֹל בִּכְבוֹד שְׁמֶךָ הַגִּבּוֹר לָנֶצַח וְהַנּוֹרָא בְּנוֹרְאוֹתֶיךָ הַמֶּלֶךְ הַיּוֹשֵׁב עַל כִּסֵּא רָם וְנִשָּׂא.

שׁוֹכֵן עַד מָרוֹם וְקָדוֹשׁ שְׁמוֹ. וְכָתוּב רַנְּנוּ צַדִּיקִים בַּיהוה לַיְשָׁרִים נָאוָה תְהִלָּה. בְּפִי יְשָׁרִים תִּתְהַלָּל וּבְדִבְרֵי צַדִּיקִים תִּתְבָּרַךְ וּבִלְשׁוֹן חֲסִידִים תִּתְרוֹמָם וּבְקֶרֶב קְדוֹשִׁים תִּתְקַדָּשׁ:

AND IN THE ASSEMBLIES of the myriads of Your people, the House of Israel, Your Name shall be extolled in song, our King, in each and every generation. For it is the duty of all that is created: in Your presence, God and the God of our fathers, to thank, praise, laud, glorify, exalt, adorn, bless, elevate, and celebrate beyond all the songs and praises of David the son of Yishai, Your servant, Your anointed.

MAY YOUR NAME BE PRAISED forever, our King, the God and King, great and holy, in the heavens and the earth. For hymn and praise befit You, God and the God of our fathers — accolade and song, strength and sovereignty, eternity, greatness and might, fame and glory, sanctity and majesty, blessing and thanksgiving, for all eternity. Blessed are You God, King, great in praises, the God to whom we owe thanks, Master of wonders, Who is pleased with melodious song — King, God, Life of the worlds.

וּבְמַקְהֲלוֹת רִבְבוֹת עַמְּךָ בֵּית יִשְׂרָאֵל בְּרִנָּה יִתְפָּאֵר שִׁמְךָ מַלְכֵּנוּ בְּכָל דּוֹר וָדוֹר שֶׁכֵּן חוֹבַת כָּל הַיְצוּרִים לְפָנֶיךָ יהוה אֱלֹהֵינוּ וֵאלֹהֵי אֲבוֹתֵינוּ לְהוֹדוֹת לְהַלֵּל לְשַׁבֵּחַ לְפָאֵר לְרוֹמֵם לְהַדֵּר לְבָרֵךְ לְעַלֵּה וּלְקַלֵּס עַל כָּל דִּבְרֵי שִׁירוֹת וְתִשְׁבְּחוֹת דָּוִד בֶּן יִשַׁי עַבְדְּךָ מְשִׁיחֶךָ.

יִשְׁתַּבַּח שִׁמְךָ לָעַד מַלְכֵּנוּ הָאֵל הַמֶּלֶךְ הַגָּדוֹל וְהַקָּדוֹשׁ בַּשָּׁמַיִם וּבָאָרֶץ כִּי לְךָ נָאֶה יהוה אֱלֹהֵינוּ וֵאלֹהֵי אֲבוֹתֵינוּ שִׁיר וּשְׁבָחָה הַלֵּל וְזִמְרָה עֹז וּמֶמְשָׁלָה נֶצַח גְּדֻלָּה וּגְבוּרָה תְּהִלָּה וְתִפְאֶרֶת קְדֻשָּׁה וּמַלְכוּת בְּרָכוֹת וְהוֹדָאוֹת מֵעַתָּה וְעַד עוֹלָם: בָּרוּךְ אַתָּה יהוה אֵל מֶלֶךְ גָּדוֹל בַּתִּשְׁבָּחוֹת אֵל הַהוֹדָאוֹת אֲדוֹן הַנִּפְלָאוֹת הַבּוֹחֵר בְּשִׁירֵי זִמְרָה מֶלֶךְ אֵל חֵי הָעוֹלָמִים.

FOURTH CUP   כּוֹס רְבִיעִי

The blessing over wine is recited and the fourth cup is drunk while reclining to the left side. It is preferable that the entire cup be drunk.

BLESSED are You, our God, King of the Universe, Who creates the fruit of the vine.

The blessing over wine is recited and the fourth cup is drunk while reclining to the left side. It is preferable that the entire cup be drunk.

בָּרוּךְ אַתָּה יהוה אֱלֹהֵינוּ מֶלֶךְ הָעוֹלָם, בּוֹרֵא פְּרִי הַגָּפֶן.

After drinking the fourth cup, the concluding blessing is recited. On the Sabbath include the passage in parentheses.

BLESSED are You, God, King of the Universe, for the vine and the fruit of the vine, and the produce of the field, and for the precious, good, and spacious land that You willed to give as an inheritance to our ancestors, to eat of its fruit and to be sated by its goodness. Have mercy, please, God, on Israel, Your people, and on Jerusalem, Your city, and on Zion, the abode of Your glory, and on Your Altar and on Your Temple. Rebuild Jerusalem, the city of sanctity, speedily in our lifetimes. Bring us up into it and let us rejoice in its reconstruction. Let us eat of its fruits and be sated by its goodness. May we bless You over it in holiness and purity (and may it be Your will to fortify us on this Sabbath day), and may You bring us joy on this day of the Festival of Matzos. For You, God, are good and do good to all, and we thank You for the land and the fruit of the vine. Blessed are You, God, for the land and the fruit of the vine.

בָּרוּךְ אַתָּה יהוה אֱלֹהֵינוּ מֶלֶךְ הָעוֹלָם, עַל הַגֶּפֶן וְעַל פְּרִי הַגֶּפֶן וְעַל תְּנוּבַת הַשָּׂדֶה וְעַל אֶרֶץ חֶמְדָּה טוֹבָה וּרְחָבָה שֶׁרָצִיתָ וְהִנְחַלְתָּ לַאֲבוֹתֵינוּ לֶאֱכוֹל מִפִּרְיָהּ וְלִשְׂבּוֹעַ מִטּוּבָהּ. רַחֵם נָא יהוה אֱלֹהֵינוּ עַל יִשְׂרָאֵל עַמֶּךָ וְעַל יְרוּשָׁלַיִם עִירֶךָ וְעַל צִיּוֹן מִשְׁכַּן כְּבוֹדֶךָ וְעַל מִזְבְּחֶךָ וְעַל הֵיכָלֶךָ. וּבְנֵה יְרוּשָׁלַיִם עִיר הַקֹּדֶשׁ בִּמְהֵרָה בְיָמֵינוּ וְהַעֲלֵנוּ לְתוֹכָהּ וְשַׂמְּחֵנוּ בְּבִנְיָנָהּ וְנֹאכַל מִפִּרְיָהּ וְנִשְׂבַּע מִטּוּבָהּ וּנְבָרֶכְךָ עָלֶיהָ בִּקְדֻשָּׁה וּבְטָהֳרָה. (וּרְצֵה וְהַחֲלִיצֵנוּ בְּיוֹם הַשַּׁבָּת הַזֶּה) וְשַׂמְּחֵנוּ בְּיוֹם חַג הַמַּצּוֹת הַזֶּה. כִּי אַתָּה יהוה טוֹב וּמֵטִיב לַכֹּל וְנוֹדֶה לְּךָ עַל הָאָרֶץ וְעַל פְּרִי הַגָּפֶן. בָּרוּךְ אַתָּה יהוה עַל הָאָרֶץ וְעַל פְּרִי הַגָּפֶן.

חֲסַל סִדּוּר פֶּסַח כְּהִלְכָתוֹ. כְּכָל מִשְׁפָּטוֹ וְחֻקָּתוֹ.
כַּאֲשֶׁר זָכִינוּ לְסַדֵּר אוֹתוֹ. כֵּן נִזְכֶּה
לַעֲשׂוֹתוֹ. זָךְ שׁוֹכֵן מְעוֹנָה. קוֹמֵם קְהַל עֲדַת מִי מָנָה.
בְּקָרוֹב נַהֵל נִטְעֵי כַנָּה. פְּדוּיִם לְצִיּוֹן בְּרִנָּה.

THE ORDER of Pesach has come to its end in accordance with its Halachah, in accordance with all of its laws and statutes. Just as we have been worthy of making the Seder this year, so may we be worthy of making it in the future. Pure One, Who dwells in His heavenly abode, raise up the countless congregation of Israel. In the near future, lead the shoots You have planted to Zion, redeemed, joyously.

Hebrew transliteration appears on page 84.

לשנה הבאה בירושלים
May we meet next year in Jerusalem

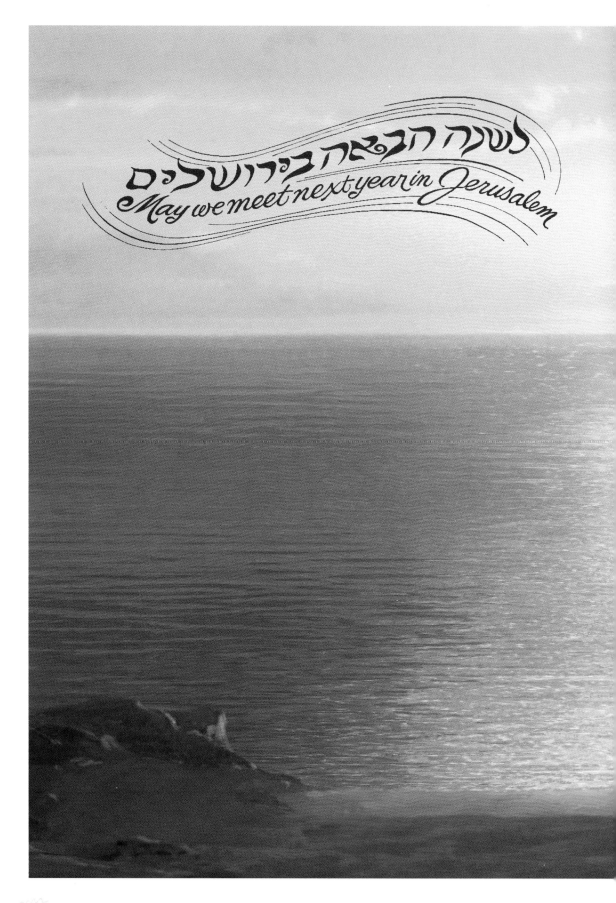

On the first night recite the following. On the second night continue on page 69..

וּבְכֵן וַיְהִי בַּחֲצִי הַלַּיְלָה.

אָז רוֹב נִסִּים הִפְלֵאתָ בַּלַּיְלָה.
בְּרֹאשׁ אַשְׁמוֹרֶת זֶה הַלַּיְלָה.
גֵּר צֶדֶק נִצַּחְתּוֹ כְּנֶחֱלַק לוֹ לַיְלָה.
וַיְהִי בַּחֲצִי הַלַּיְלָה.

דַּנְתָּ מֶלֶךְ גְּרָר בַּחֲלוֹם הַלַּיְלָה.
הִפְחַדְתָּ אֲרַמִּי בְּאֶמֶשׁ לַיְלָה.
וַיָּשַׂר יִשְׂרָאֵל לְמַלְאָךְ וַיּוּכַל לוֹ לַיְלָה.
וַיְהִי בַּחֲצִי הַלַּיְלָה.

זֶרַע בְּכוֹרֵי פַתְרוֹס מָחַצְתָּ בַּחֲצִי הַלַּיְלָה.
חֵילָם לֹא מָצְאוּ בְּקוּמָם בַּלַּיְלָה.
טִיסַת נְגִיד חֲרוֹשֶׁת סִלִּיתָ בְכוֹכְבֵי לַיְלָה.
וַיְהִי בַּחֲצִי הַלַּיְלָה.

יָעַץ מְחָרֵף לְנוֹפֵף אִוּי הוֹבַשְׁתָּ פְגָרָיו בַּלַּיְלָה.
כָּרַע בֵּל וּמַצָּבוֹ בְּאִישׁוֹן לַיְלָה.
לְאִישׁ חֲמוּדוֹת נִגְלָה רָז חֲזוֹת לַיְלָה.
וַיְהִי בַּחֲצִי הַלַּיְלָה.

מִשְׁתַּכֵּר בִּכְלֵי קֹדֶשׁ נֶהֱרַג בּוֹ בַּלַּיְלָה.
נוֹשַׁע מִבּוֹר אֲרָיוֹת פּוֹתֵר בִּעֲתוּתֵי לַיְלָה.
שִׂנְאָה נָטַר אֲגָגִי וְכָתַב סְפָרִים בַּלַּיְלָה.
וַיְהִי בַּחֲצִי הַלַּיְלָה.

עוֹרַרְתָּ נִצְחֲךָ עָלָיו בְּנֶדֶד שְׁנַת לַיְלָה.
פּוּרָה תִדְרוֹךְ לְשֹׁמֵר מַה מִּלַּיְלָה.
צָרַח כַּשּׁוֹמֵר וְשָׂח אָתָא בֹקֶר וְגַם לַיְלָה.
וַיְהִי בַּחֲצִי הַלַּיְלָה.

קָרֵב יוֹם אֲשֶׁר הוּא לֹא יוֹם וְלֹא לַיְלָה.
רָם הוֹדַע כִּי לְךָ הַיּוֹם אַף לְךָ הַלַּיְלָה.
שׁוֹמְרִים הַפְקֵד לְעִירְךָ כָּל הַיּוֹם וְכָל הַלַּיְלָה.
תָּאִיר כְּאוֹר יוֹם חֶשְׁכַת לַיְלָה.
וַיְהִי בַּחֲצִי הַלַּיְלָה.

On the first night recite the following. On the second night continue on page 69..

It happened at midnight.

Then You performed wondrous miracles at	night.
At the first watch of this	night.
You brought victory to the righteous convert	
[Abraham] by dividing for him the	night.

It happened at midnight.

You judged the king of Gerar [Abimelech]	
in a dream of the	night.
You terrified the Aramean [Laban] in the dark of	night.
And Israel [Jacob] fought with an angel	
and overcame him at	night.

It happened at midnight.

You bruised the firstborn seed of Pasros [Egypt] at	midnight.
They did not find their legions when they arose at	night.
The swift armies of the prince of Charoshes	
[Sisera] You crushed with the stars of	night.

It happened at midnight.

The blasphemer [Sennacherib] schemed to raise	
his hand menacingly [over the precious city].	
You made his corpses rot at	night.
Bel [the Babylonian pagan deity] and his pedestal	
fell in the black of	night.
To the beloved man [Daniel] was revealed	
the secret of the visions of	night.

It happened at midnight.

He who guzzled out of the sacred vessels [Belshazzar,	
king of Babylonia] was killed on that	night.
The one who was saved from the lions' den	
interpreted the terrors of the	night.
The Aggagite [Haman] nurtured hatred	
and wrote decrees at	night.

It happened at midnight.

You initiated Your triumph against him	
by disturbing the sleep [of Ahasuerus] at	night.
You will tread a winepress [in peace after victory]	
for him who cries out [Israel]:	
Our Guardian! What will be of this	night?
Like a guardian You will call out in response:	
The morning has come, as well as the	night.

It happened at midnight.

The day is approaching which is neither day nor	night.
Most High! Make it known that Yours are	
both the day and the	night.
Appoint watchmen over Your city all day and all	night.
Illuminate like the light of day the darkness of	night.

It happened at midnight.

On the first night continue on page 74. On the second night recite the following.

וּבְכֵן וַאֲמַרְתֶּם זֶבַח פֶּסַח:

אֹמֶץ גְּבוּרוֹתֶיךָ הִפְלֵאתָ בַּפֶּסַח.
בְּרֹאשׁ כָּל מוֹעֲדוֹת נִשֵּׂאתָ פֶּסַח.
גִּלִּיתָ לְאֶזְרָחִי חֲצוֹת לֵיל פֶּסַח.
וַאֲמַרְתֶּם זֶבַח פֶּסַח.

דְּלָתָיו דָּפַקְתָּ כְּחֹם הַיּוֹם בַּפֶּסַח.
הִסְעִיד נוֹצְצִים עֻגוֹת מַצּוֹת בַּפֶּסַח.
וְאֶל הַבָּקָר רָץ זֵכֶר לְשׁוֹר עֵרֶךְ פֶּסַח.
וַאֲמַרְתֶּם זֶבַח פֶּסַח.

זוֹעֲמוּ סְדוֹמִים וְלוֹהֲטוּ בָּאֵשׁ בַּפֶּסַח.
חֻלַּץ לוֹט מֵהֶם וּמַצּוֹת אָפָה בְּקֵץ פֶּסַח.
טִאטֵאתָ אַדְמַת מוֹף וְנוֹף בְּעָבְרְךָ בַּפֶּסַח.
וַאֲמַרְתֶּם זֶבַח פֶּסַח.

יָהּ רֹאשׁ כָּל אוֹן מָחַצְתָּ בְּלֵיל שִׁמּוּר פֶּסַח.
כַּבִּיר עַל בֵּן בְּכוֹר פָּסַחְתָּ בְּדַם פֶּסַח.
לְבִלְתִּי תֵּת מַשְׁחִית לָבֹא בִּפְתָחַי בַּפֶּסַח.
וַאֲמַרְתֶּם זֶבַח פֶּסַח.

מְסֻגֶּרֶת סֻגָּרָה בְּעִתּוֹתֵי פֶּסַח.
נִשְׁמְדָה מִדְיָן בִּצְלִיל שְׂעוֹרֵי עֹמֶר פֶּסַח.
שׂוֹרְפוּ מִשְׁמַנֵּי פּוּל וְלוּד בִּיקַד יְקוֹד פֶּסַח.
וַאֲמַרְתֶּם זֶבַח פֶּסַח.

עוֹד הַיּוֹם בְּנֹב לַעֲמוֹד עַד גָּעָה עוֹנַת פֶּסַח.
פַּס יַד כָּתְבָה לְקַעֲקֵעַ צוּל בַּפֶּסַח.
צָפֹה הַצָּפִית עָרוֹךְ הַשֻּׁלְחָן בַּפֶּסַח.
וַאֲמַרְתֶּם זֶבַח פֶּסַח.

קָהָל כִּנְּסָה הֲדַסָּה צוֹם לְשַׁלֵּשׁ בַּפֶּסַח.
רֹאשׁ מִבֵּית רָשָׁע מָחַצְתָּ בְּעֵץ חֲמִשִּׁים בַּפֶּסַח.
שְׁתֵּי אֵלֶּה רֶגַע תָּבִיא לְעוּצִית בַּפֶּסַח.
תָּעֹז יָדְךָ וְתָרוּם יְמִינְךָ כְּלֵיל הִתְקַדֵּשׁ חַג פֶּסַח.
וַאֲמַרְתֶּם זֶבַח פֶּסַח.

On the first night continue on page 75. On the second night recite the following.

And you will say: A feast of Passover.

The power of Your mighty deeds
    You showed wondrously on   Passover.
Foremost of all festivals You exalted   Passover.
You revealed to the oriental [Abraham]
    the events of the night of   Passover.
And you will say: A feast of Passover.
You knocked on his doors during the heat of the day on Passover.
He gave bright angels a meal of cakes of matzah on   Passover.
He ran to fetch an ox in commemoration of the ox sacrificed
[as the korban chagigah — the festival offering] on   Passover.
And you will say: A feast of Passover.
The Sodomites provoked and were set ablaze on   Passover.
Lot escaped from them and baked matzos
    at the end of   Passover.
You swept clean the land of Mof and Nof
    [Egyptian cities] on   Passover.
And you will say: A feast of Passover.
God, the first issue of strength You bruised
    on the watchful night of   Passover.
Mighty One, You skipped over the firstborn son
    because of the blood of Passover,
    Not to allow the destroyer to enter my doors on   Passover.
And you will say: A feast of Passover.
The closed city [Jericho] was handed over
    [to the Jews] at the time of   Passover.
Midian was destroyed [by the Jews
    under the leadership of Gidon] through the merit
    of a cake of the omer on   Passover.
The mighty nobles of Pul and Lud [the Assyrians
    in the days of King Hezekiah] were burnt
    in a conflagration on   Passover.
And you will say: A feast of Passover.
He [Sennacherib] would have stood at Nob,
    but it arrived — the time of   Passover.
A hand wrote the decree of annihilation
    against Zul [Babylonia] on   Passover.
Their scout went to look for the enemy
    while their table was festively set on   Passover.
And you will say: A feast of Passover.
Hadassah [Esther] gathered an assembly
    for a three-day fast on   Passover.
The head of the evil house [Haman] You killed
    on a fifty-cubit pole on   Passover.
Bring bereavement and widowhood to Utzis [Edom]
    in an instant on   Passover.
Strengthen Your hand, raise Your right hand as on the night that
it was sanctified — the festival of   Passover.
And you will say: A feast of Passover.

On both nights continue here:

כִּי לוֹ נָאֶה, כִּי לוֹ יָאֶה:

אַדִּיר בִּמְלוּכָה, **בָּ**חוּר כַּהֲלָכָה,
גְּדוּדָיו יֹאמְרוּ לוֹ,
לְךָ וּלְךָ, לְךָ כִּי לְךָ, לְךָ אַף לְךָ,
לְךָ יהוה הַמַּמְלָכָה, **כִּי לוֹ נָאֶה, כִּי לוֹ יָאֶה.**

דָּגוּל בִּמְלוּכָה, **הָ**דוּר כַּהֲלָכָה, **וָ**תִיקָיו יֹאמְרוּ לוֹ,
לְךָ וּלְךָ, לְךָ כִּי לְךָ, לְךָ אַף לְךָ,
לְךָ יהוה הַמַּמְלָכָה, **כִּי לוֹ נָאֶה, כִּי לוֹ יָאֶה.**

זַכַּאי בִּמְלוּכָה, **חָ**סִין כַּהֲלָכָה, **טַ**פְסְרָיו יֹאמְרוּ לוֹ,
לְךָ וּלְךָ, לְךָ כִּי לְךָ, לְךָ אַף לְךָ,
לְךָ יהוה הַמַּמְלָכָה, **כִּי לוֹ נָאֶה, כִּי לוֹ יָאֶה.**

יָחִיד בִּמְלוּכָה, **כַּ**בִּיר כַּהֲלָכָה, **לִ**מּוּדָיו יֹאמְרוּ לוֹ,
לְךָ וּלְךָ, לְךָ כִּי לְךָ, לְךָ אַף לְךָ,
לְךָ יהוה הַמַּמְלָכָה, **כִּי לוֹ נָאֶה, כִּי לוֹ יָאֶה.**

מוֹשֵׁל בִּמְלוּכָה, **נ**וֹרָא כַּהֲלָכָה, **סְ**בִיבָיו יֹאמְרוּ לוֹ,
לְךָ וּלְךָ, לְךָ כִּי לְךָ, לְךָ אַף לְךָ,
לְךָ יהוה הַמַּמְלָכָה, **כִּי לוֹ נָאֶה, כִּי לוֹ יָאֶה.**

עָנָיו בִּמְלוּכָה, **פּ**וֹדֶה כַּהֲלָכָה, **צַ**דִּיקָיו יֹאמְרוּ לוֹ,
לְךָ וּלְךָ, לְךָ כִּי לְךָ, לְךָ אַף לְךָ,
לְךָ יהוה הַמַּמְלָכָה, **כִּי לוֹ נָאֶה, כִּי לוֹ יָאֶה.**

קָדוֹשׁ בִּמְלוּכָה, **רַ**חוּם כַּהֲלָכָה,
שִׁנְאַנָּיו יֹאמְרוּ לוֹ,
לְךָ וּלְךָ, לְךָ כִּי לְךָ, לְךָ אַף לְךָ,
לְךָ יהוה הַמַּמְלָכָה, **כִּי לוֹ נָאֶה, כִּי לוֹ יָאֶה.**

תַּקִּיף בִּמְלוּכָה, **תּ**וֹמֵךְ כַּהֲלָכָה,
תְּמִימָיו יֹאמְרוּ לוֹ,
לְךָ וּלְךָ, לְךָ כִּי לְךָ, לְךָ אַף לְךָ,
לְךָ יהוה הַמַּמְלָכָה, **כִּי לוֹ נָאֶה, כִּי לוֹ יָאֶה.**

On both nights continue here:

To Him it is fitting. To Him it is due.

MIGHTY in royalty, chosen by right,
     His legions say to Him:
Yours and only Yours; Yours, yes Yours, Yours,
surely Yours; Yours, is the sovereignty of the world.
     To Him it is fitting. To Him it is due.

Distinguished in royalty, glorious of right.
His faithful say to Him:
Yours and only Yours; Yours, yes Yours; Yours,
surely Yours; Yours, God, is the sovereignty of the world.
     To Him it is fitting. To Him it is due.

Pure in royalty, firm of right.
His courtiers say to Him:
Yours and only Yours; Yours, yes Yours; Yours,
surely Yours; Yours, God, is the sovereignty of the world.
     To Him it is fitting. To Him it is due.

Unique in royalty, mighty of right.
His disciples say to Him:
Yours and only Yours; Yours, yes Yours; Yours,
surely Yours; Yours, God, is the sovereignty of the world.
     To Him it is fitting. To Him it is due.

Ruling in royalty, feared of right.
Those who surround Him say to Him:
Yours and only Yours; Yours, yes Yours; Yours,
surely Yours; Yours, God, is the sovereignty of the world.
     To Him it is fitting. To Him it is due.

Humble in royalty, redeeming by right.
His righteous ones say to Him:
Yours and only Yours; Yours, yes Yours; Yours,
surely Yours; Yours, God, is the sovereignty of the world.
     To Him it is fitting. To Him it is due.

Holy in royalty, merciful of right.
His angels say to Him:
Yours and only Yours; Yours, yes Yours; Yours,
surely Yours; Yours, God, is the sovereignty of the world.
     To Him it is fitting. To Him it is due.

Powerful in royalty, sustaining of right.
His perfect ones say to Him:
Yours and only Yours; Yours, yes Yours; Yours,
surely Yours; Yours, God, is the sovereignty of the world.
     To Him it is fitting. To Him it is due.

אַדִּיר הוּא יִבְנֶה בֵיתוֹ בְּקָרוֹב, בִּמְהֵרָה, בִּמְהֵרָה, בְּיָמֵינוּ בְּקָרוֹב. אֵל בְּנֵה, אֵל בְּנֵה, בְּנֵה בֵיתְךָ בְּקָרוֹב.

בָּחוּר הוּא. **גָּ**דוֹל הוּא. **דָּ**גוּל הוּא. יִבְנֶה בֵיתוֹ בְּקָרוֹב, בִּמְהֵרָה, בִּמְהֵרָה, בְּיָמֵינוּ בְּקָרוֹב. אֵל בְּנֵה, אֵל בְּנֵה, בְּנֵה בֵיתְךָ בְּקָרוֹב.

הָדוּר הוּא. **וָ**תִיק הוּא. **זַ**כַּאי הוּא. **חָ**סִיד הוּא. יִבְנֶה בֵיתוֹ בְּקָרוֹב, בִּמְהֵרָה, בִּמְהֵרָה, בְּיָמֵינוּ בְּקָרוֹב. אֵל בְּנֵה, אֵל בְּנֵה, בְּנֵה בֵיתְךָ בְּקָרוֹב.

טָהוֹר הוּא. **יָ**חִיד הוּא. **כַּ**בִּיר הוּא. **לָ**מוּד הוּא. **מֶ**לֶךְ הוּא. **נוֹ**רָא הוּא. **סַ**גִּיב הוּא. **עִ**זּוּז הוּא. **פּוֹ**דֶה הוּא. **צַ**דִּיק הוּא. יִבְנֶה בֵיתוֹ בְּקָרוֹב, בִּמְהֵרָה, בִּמְהֵרָה, בְּיָמֵינוּ בְּקָרוֹב. אֵל בְּנֵה, אֵל בְּנֵה, בְּנֵה בֵיתְךָ בְּקָרוֹב.

קָדוֹשׁ הוּא. **רַ**חוּם הוּא. **שַׁ**דַּי הוּא. **תַּ**קִּיף הוּא. יִבְנֶה בֵיתוֹ בְּקָרוֹב, בִּמְהֵרָה, בִּמְהֵרָה, בְּיָמֵינוּ בְּקָרוֹב. אֵל בְּנֵה, אֵל בְּנֵה, בְּנֵה בֵיתְךָ בְּקָרוֹב.

Hebrew transliteration appears on page 84.

MIGHTY is He. May He build His house soon; quickly, quickly, in our lifetimes, soon. God, build; God, build; build Your house soon.

Exalted is He, great is He, distinguished is He. May He build His house soon; quickly, quickly, in our lifetimes, soon. God, build; God, build; build Your house soon.

Glorious is He, faithful is He, guiltless is He, righteous is He. May He build His house soon; quickly, quickly, in our lifetimes, soon. God, build; God, build; build Your house soon.

Pure is He, unique is He, powerful is He, all-wise is He, the King is He, awesome is He, sublime is He, all-powerful is He, the Redeemer is He, all-righteous is He. May He build His house soon; quickly, quickly, in our lifetimes, soon. God, build; God, build; build Your house soon.

Holy is He, compassionate is He, Almighty is He, Omnipotent is He. May He build His house soon; quickly, quickly, in our lifetimes, soon. God, rebuild; God, build; build Your house soon.

אֶחָד מִי יוֹדֵעַ?

אֶחָד אֲנִי יוֹדֵעַ.
אֶחָד אֱלֹהֵינוּ שֶׁבַּשָּׁמַיִם וּבָאָרֶץ.

שְׁנַיִם מִי יוֹדֵעַ? שְׁנַיִם אֲנִי יוֹדֵעַ.
שְׁנֵי לֻחוֹת הַבְּרִית,
אֶחָד אֱלֹהֵינוּ שֶׁבַּשָּׁמַיִם וּבָאָרֶץ.

שְׁלֹשָׁה מִי יוֹדֵעַ? שְׁלֹשָׁה אֲנִי יוֹדֵעַ.
שְׁלֹשָׁה אָבוֹת, שְׁנֵי לֻחוֹת הַבְּרִית,
אֶחָד אֱלֹהֵינוּ שֶׁבַּשָּׁמַיִם וּבָאָרֶץ.

אַרְבַּע מִי יוֹדֵעַ? אַרְבַּע אֲנִי יוֹדֵעַ.
אַרְבַּע אִמָּהוֹת, שְׁלֹשָׁה אָבוֹת, שְׁנֵי לֻחוֹת הַבְּרִית,
אֶחָד אֱלֹהֵינוּ שֶׁבַּשָּׁמַיִם וּבָאָרֶץ.

חֲמִשָּׁה מִי יוֹדֵעַ? חֲמִשָּׁה אֲנִי יוֹדֵעַ.
חֲמִשָּׁה חֻמְשֵׁי תוֹרָה, אַרְבַּע אִמָּהוֹת,
שְׁלֹשָׁה אָבוֹת, שְׁנֵי לֻחוֹת הַבְּרִית,
אֶחָד אֱלֹהֵינוּ שֶׁבַּשָּׁמַיִם וּבָאָרֶץ.

שִׁשָּׁה מִי יוֹדֵעַ? שִׁשָּׁה אֲנִי יוֹדֵעַ.
שִׁשָּׁה סִדְרֵי מִשְׁנָה, חֲמִשָּׁה חֻמְשֵׁי תוֹרָה,
אַרְבַּע אִמָּהוֹת, שְׁלֹשָׁה אָבוֹת, שְׁנֵי לֻחוֹת הַבְּרִית,
אֶחָד אֱלֹהֵינוּ שֶׁבַּשָּׁמַיִם וּבָאָרֶץ.

שִׁבְעָה מִי יוֹדֵעַ? שִׁבְעָה אֲנִי יוֹדֵעַ.
שִׁבְעָה יְמֵי שַׁבַּתָּא, שִׁשָּׁה סִדְרֵי מִשְׁנָה,
חֲמִשָּׁה חֻמְשֵׁי תוֹרָה, אַרְבַּע אִמָּהוֹת,
שְׁלֹשָׁה אָבוֹת, שְׁנֵי לֻחוֹת הַבְּרִית,
אֶחָד אֱלֹהֵינוּ שֶׁבַּשָּׁמַיִם וּבָאָרֶץ.

שְׁמוֹנָה מִי יוֹדֵעַ? שְׁמוֹנָה אֲנִי יוֹדֵעַ.
שְׁמוֹנָה יְמֵי מִילָה, שִׁבְעָה יְמֵי שַׁבַּתָּא,
שִׁשָּׁה סִדְרֵי מִשְׁנָה, חֲמִשָּׁה חֻמְשֵׁי תוֹרָה,
אַרְבַּע אִמָּהוֹת, שְׁלֹשָׁה אָבוֹת, שְׁנֵי לֻחוֹת הַבְּרִית,
אֶחָד אֱלֹהֵינוּ שֶׁבַּשָּׁמַיִם וּבָאָרֶץ.

Hebrew transliteration appears on page 85.

WHO KNOWS ONE? I know one.
One is our God in the heavens and the earth.

Who knows two? I know two.
Two are the Tablets of the Covenant.
One is our God in the heavens and the earth.

Who knows three? I know three.
Three are the Patriarchs.
Two are the Tablets of the Covenant.
One is our God in the heavens and the earth.

Who knows four? I know four.
Four are the Matriarchs. Three are the Patriarchs.
Two are the Tablets of the Covenant.
One is our God in the heavens and the earth.

Who knows five? I know five.
Five are the Books of the Torah.
Four are the Matriarchs. Three are the Patriarchs.
Two are the Tablets of the Covenant.
One is our God in the heavens and the earth.

Who knows six? I know six.
Six are the Orders of the Mishnah.
Five are the Books of the Torah.
Four are the Matriarchs. Three are the Patriarchs.
Two are the Tablets of the Covenant.
One is our God in the heavens and the earth.

Who knows seven? I know seven.
Seven are the days of the week.
Six are the Orders of the Mishnah.
Five are the Books of the Torah.
Four are the Matriarchs. Three are the Patriarchs.
Two are the Tablets of the Covenant.
One is our God in the heavens and the earth.

Who knows eight? I know eight.
Eight are the days of circumcision.
Seven are the days of the week.
Six are the Orders of the Mishnah.
Five are the Books of the Torah.
Four are the Matriarchs.
Three are the Patriarchs.
Two are the Tablets of the Covenant.
One is our God in the heavens and the earth.

תִּשְׁעָה מִי יוֹדֵעַ? תִּשְׁעָה אֲנִי יוֹדֵעַ.
תִּשְׁעָה יַרְחֵי לֵדָה, שְׁמוֹנָה יְמֵי מִילָה,
שִׁבְעָה יְמֵי שַׁבַּתָּא, שִׁשָּׁה סִדְרֵי מִשְׁנָה,
חֲמִשָּׁה חֻמְשֵׁי תוֹרָה, אַרְבַּע אִמָּהוֹת,
שְׁלֹשָׁה אָבוֹת, שְׁנֵי לֻחוֹת הַבְּרִית,
אֶחָד אֱלֹהֵינוּ שֶׁבַּשָּׁמַיִם וּבָאָרֶץ.

עֲשָׂרָה מִי יוֹדֵעַ? עֲשָׂרָה אֲנִי יוֹדֵעַ.
עֲשָׂרָה דִבְּרַיָּא, תִּשְׁעָה יַרְחֵי לֵדָה,
שְׁמוֹנָה יְמֵי מִילָה, שִׁבְעָה יְמֵי שַׁבַּתָּא,
שִׁשָּׁה סִדְרֵי מִשְׁנָה, חֲמִשָּׁה חֻמְשֵׁי תוֹרָה,
אַרְבַּע אִמָּהוֹת, שְׁלֹשָׁה אָבוֹת, שְׁנֵי לֻחוֹת הַבְּרִית,
אֶחָד אֱלֹהֵינוּ שֶׁבַּשָּׁמַיִם וּבָאָרֶץ.

אַחַד עָשָׂר מִי יוֹדֵעַ? אַחַד עָשָׂר אֲנִי יוֹדֵעַ.
אַחַד עָשָׂר כּוֹכְבַיָּא, עֲשָׂרָה דִבְּרַיָּא,
תִּשְׁעָה יַרְחֵי לֵדָה, שְׁמוֹנָה יְמֵי מִילָה,
שִׁבְעָה יְמֵי שַׁבַּתָּא, שִׁשָּׁה סִדְרֵי מִשְׁנָה,
חֲמִשָּׁה חֻמְשֵׁי תוֹרָה, אַרְבַּע אִמָּהוֹת,
שְׁלֹשָׁה אָבוֹת, שְׁנֵי לֻחוֹת הַבְּרִית,
אֶחָד אֱלֹהֵינוּ שֶׁבַּשָּׁמַיִם וּבָאָרֶץ.

שְׁנֵים עָשָׂר מִי יוֹדֵעַ? שְׁנֵים עָשָׂר אֲנִי יוֹדֵעַ.
שְׁנֵים עָשָׂר שִׁבְטַיָּא, אַחַד עָשָׂר כּוֹכְבַיָּא, עֲשָׂרָה
דִבְּרַיָּא, תִּשְׁעָה יַרְחֵי לֵדָה, שְׁמוֹנָה יְמֵי מִילָה,
שִׁבְעָה יְמֵי שַׁבַּתָּא, שִׁשָּׁה סִדְרֵי מִשְׁנָה, חֲמִשָּׁה
חֻמְשֵׁי תוֹרָה, אַרְבַּע אִמָּהוֹת, שְׁלֹשָׁה אָבוֹת, שְׁנֵי
לֻחוֹת הַבְּרִית, אֶחָד אֱלֹהֵינוּ שֶׁבַּשָּׁמַיִם וּבָאָרֶץ.

שְׁלֹשָׁה עָשָׂר מִי יוֹדֵעַ? שְׁלֹשָׁה עָשָׂר אֲנִי יוֹדֵעַ.
שְׁלֹשָׁה עָשָׂר מִדַּיָּא, שְׁנֵים עָשָׂר שִׁבְטַיָּא,
אַחַד עָשָׂר כּוֹכְבַיָּא, עֲשָׂרָה דִבְּרַיָּא,
תִּשְׁעָה יַרְחֵי לֵדָה, שְׁמוֹנָה יְמֵי מִילָה,
שִׁבְעָה יְמֵי שַׁבַּתָּא, שִׁשָּׁה סִדְרֵי מִשְׁנָה,
חֲמִשָּׁה חֻמְשֵׁי תוֹרָה, אַרְבַּע אִמָּהוֹת,
שְׁלֹשָׁה אָבוֹת, שְׁנֵי לֻחוֹת הַבְּרִית,
אֶחָד אֱלֹהֵינוּ שֶׁבַּשָּׁמַיִם וּבָאָרֶץ.

Who knows nine? I know nine.
Nine are the months of pregnancy.
Eight are the days of circumcision.
Seven are the days of the week.
Six are the Orders of the Mishnah.
Five are the Books of the Torah.
Four are the Matriarchs. Three are the Patriarchs.
Two are the Tablets of the Covenant.
One is our God in the heavens and the earth.

Who knows ten? I know ten.
Ten are the Commandments. Nine are the months of pregnancy.
Eight are the days of circumcision.
Seven are the days of the week.
Six are the Orders of the Mishnah.
Five are the Books of the Torah.
Four are the Matriarchs. Three are the Patriarchs.
Two are the Tablets of the Covenant.
One is our God in the heavens and the earth.

Who knows ten? I know ten.
Eleven are the stars [of Yosef's dream].
Ten are the Commandments. Nine are the months of pregnancy.
Eight are the days of circumcision.
Seven are the days of the week.
Six are the Orders of the Mishnah.
Five are the Books of the Torah.
Four are the Matriarchs. Three are the Patriarchs.
Two are the Tablets of the Covenant.
One is our God in the heavens and the earth.

Who knows ten? I know ten.
Twelve are the tribes. Eleven are the stars.
Ten are the Commandments. Nine are the months of pregnancy.
Eight are the days of circumcision.
Seven are the days of the week.
Six are the Orders of the Mishnah.
Five are the Books of the Torah.
Four are the Matriarchs. Three are the Patriarchs.
Two are the Tablets of the Covenant.
One is our God in the heavens and the earth.

Who knows ten? I know ten.
Thirteen are the Attributes of God.
Twelve are the tribes. Eleven are the stars.
Ten are the Commandments. Nine are the months of pregnancy.
Eight are the days of circumcision.
Seven are the days of the week.
Six are the Orders of the Mishnah.
Five are the Books of the Torah.
Four are the Matriarchs. Three are the Patriarchs.
Two are the Tablets of the Covenant.
One is our God in the heavens and the earth.

חַד גַּדְיָא, חַד גַּדְיָא, דְּזַבִּין אַבָּא בִּתְרֵי זוּזֵי,
חַד גַּדְיָא חַד גַּדְיָא.

וְאָתָא **שׁוּנְרָא** וְאָכְלָה לְגַדְיָא, דְּזַבִּין אַבָּא
בִּתְרֵי זוּזֵי, **חַד גַּדְיָא חַד גַּדְיָא.**

וְאָתָא **כַלְבָּא** וְנָשַׁךְ לְשׁוּנְרָא, דְּאָכְלָה לְגַדְיָא,
דְּזַבִּין אַבָּא בִּתְרֵי זוּזֵי, **חַד גַּדְיָא חַד גַּדְיָא.**

וְאָתָא **חוּטְרָא** וְהִכָּה לְכַלְבָּא, דְּנָשַׁךְ לְשׁוּנְרָא,
דְּאָכְלָה לְגַדְיָא, דְּזַבִּין אַבָּא בִּתְרֵי זוּזֵי, **חַד גַּדְיָא
חַד גַּדְיָא.**

וְאָתָא **נוּרָא** וְשָׂרַף לְחוּטְרָא, דְּהִכָּה לְכַלְבָּא,
דְּנָשַׁךְ לְשׁוּנְרָא, דְּאָכְלָה לְגַדְיָא, דְּזַבִּין אַבָּא בִּתְרֵי
זוּזֵי, **חַד גַּדְיָא חַד גַּדְיָא.**

וְאָתָא **מַיָּא** וְכָבָה לְנוּרָא, דְּשָׂרַף לְחוּטְרָא,
דְּהִכָּה לְכַלְבָּא, דְּנָשַׁךְ לְשׁוּנְרָא, דְּאָכְלָה לְגַדְיָא,
דְּזַבִּין אַבָּא בִּתְרֵי זוּזֵי, **חַד גַּדְיָא חַד גַּדְיָא.**

וְאָתָא **תּוֹרָא** וְשָׁתָה לְמַיָּא, דְּכָבָה לְנוּרָא,
דְּשָׂרַף לְחוּטְרָא, דְּהִכָּה לְכַלְבָּא, דְּנָשַׁךְ לְשׁוּנְרָא,
דְּאָכְלָה לְגַדְיָא, דְּזַבִּין אַבָּא בִּתְרֵי זוּזֵי, **חַד גַּדְיָא
חַד גַּדְיָא.**

וְאָתָא **הַשּׁוֹחֵט** וְשָׁחַט לְתוֹרָא, דְּשָׁתָא לְמַיָּא,
דְּכָבָה לְנוּרָא, דְּשָׂרַף לְחוּטְרָא, דְּהִכָּה לְכַלְבָּא,
דְּנָשַׁךְ לְשׁוּנְרָא, דְּאָכְלָה לְגַדְיָא, דְּזַבִּין אַבָּא בִּתְרֵי
זוּזֵי, **חַד גַּדְיָא חַד גַּדְיָא.**

וְאָתָא **מַלְאַךְ הַמָּוֶת** וְשָׁחַט לְשׁוֹחֵט, דְּשָׁחַט
לְתוֹרָא, דְּשָׁתָה לְמַיָּא, דְּכָבָה לְנוּרָא, דְּשָׂרַף
לְחוּטְרָא, דְּהִכָּה לְכַלְבָּא, דְּנָשַׁךְ לְשׁוּנְרָא,
דְּאָכְלָה לְגַדְיָא, דְּזַבִּין אַבָּא בִּתְרֵי זוּזֵי, **חַד גַּדְיָא
חַד גַּדְיָא.**

וְאָתָא **הַקָּדוֹשׁ בָּרוּךְ הוּא** וְשָׁחַט לְמַלְאַךְ
הַמָּוֶת, דְּשָׁחַט לְשׁוֹחֵט, דְּשָׁחַט לְתוֹרָא, דְּשָׁתָה
לְמַיָּא, דְּכָבָה לְנוּרָא, דְּשָׂרַף לְחוּטְרָא, דְּהִכָּה
לְכַלְבָּא, דְּנָשַׁךְ לְשׁוּנְרָא, דְּאָכְלָה לְגַדְיָא, דְּזַבִּין
אַבָּא בִּתְרֵי זוּזֵי, **חַד גַּדְיָא חַד גַּדְיָא.**

ONE KID, one kid that father bought for two zuzim. **One kid, one kid.**

And **the cat** came and ate the kid that father bought for two zuzim. **One kid, one kid.**

And **the dog** came and bit the cat that ate the kid that father bought for two zuzim. **One kid, one kid.**

And **the stick** came and beat the dog that bit the cat that ate the kid that father bought for two zuzim. **One kid, one kid.**

And **the fire** came and burned the stick that beat the dog that bit the cat that ate the kid that father bought for two zuzim. **One kid, one kid.**

And **the water** came and doused the fire that burned the stick that beat the dog that bit the cat that ate the kid that father bought for two zuzim. **One kid, one kid.**

And **the ox** came and drank the water that doused the fire that burned the stick that beat the dog that bit the cat that ate the kid that father bought for two zuzim. **One kid, one kid.**

And **the slaughterer** came and slaughtered the ox that drank the water that doused the fire that burned the stick that beat the dog that bit the cat that ate the kid that father bought for two zuzim. **One kid, one kid.**

And **the angel of death** came and slaughtered the slaughterer who slaughtered the ox that drank the water that doused the fire that burned the stick that beat the dog that bit the cat that ate the kid that father bought for two zuzim. **One kid, one kid.**

The Holy One, Blessed is He, then came and slaughtered the angel of death who slaughtered the slaughterer who slaughtered the ox that drank the water that doused the fire that burned the stick that beat the dog that bit the cat that ate the kid that father bought for two zuzim. **One kid, one kid.**

Hebrew appears on page 32.

DAM TZ'FARDAYA KINIM AROV DEVER SH'CHIN BARAD ARBEH CHO'SHECH MAKAT B'CHO-ROT

Hebrew appears on page 48.

DAYEINU

Kamah ma-alot tovot lamakom alaynu

Ilu *hotzi-anu mimitzrayim*
v'lo asah bahem sh'fatim,   **dayeinu**

Ilu *osah bahem sh'fatim*
v' lo asah b'aylohayhem,   **dayeinu**

Ilu *asah b'aylohayhem*
v'lo harag b'cho-rayhem,   **dayeinu**

Ilu *harag b'cho-rayhem*
v'lo natan lanu et mamo-nam,   **dayeinu**

Ilu *natan lanu et mamo-nam*
v'lo kara lanu et hayam,   **dayeinu**

Ilu *kara lanu et hayam*
v' lo he-eviranu b'to-cho b'charavah,
    dayeinu

Ilu *he-eviranu b'to-cho becharavah*
v'lo shika tzaraynu b'to-cho,   **dayeinu**

Ilu *shika tzaraynu b'to-cho*
v'lo sipayk tzar'chaynu bamidbar
arba-im shanah,   **dayeinu**

Ilu *sipayk tzar'chaynu bamidbar arba-im*
shanah v' lo he-echilanu et ha-man,
    dayeinu

Ilu *he-echilanu et ha-man*
v'lo natan lanu et hashabat,   **dayeinu**

Ilu *natan lanu et hashabat*
v'lo kayr'vanu lifnay har sinai,
    dayeinu

Ilu *kayr'vanu lifnay har sinai*
v'lo natan lanu et ha-Torah,   **dayeinu**

Ilu *natan lanu et ha-Torah*
v'lo hichnitanu l'eretz yisra-ayl, **dayeinu**

Ilu *hichnitanu l'eretz yisra-ayl*
v'lo vanah lanu et bayt hab'chirah,
    dayeinu

Hebrew appears on page 55.

THE SECOND CUP

BARUCH *atah Adonai Elohaynu melech ha-olam asher g'oalanu v'ga-al et avotaynu mimitzrayim, v'higi-anu lalaylah hazeh le-echol bo matzah u'maror. Kayn Adonai Elohaynu v'Elohay avotaynu yagi-aynu l'mo-adim v'lirgalim achayrim haba-im likrataynu l'shalom s'maychim b'vinyan ircha v'sasim b'avodasecha, v'no-chal sham min haz'vachim umin hap'sachim asher yagi-a damam al kir mizbachacha l'ratzon v'nodeh l'cha shir chodosh al g'ulataynu v'al p'dus naf-shaynu. Baruch atah Adonoai go-al yisra-ayl.*

Hebrew appears on page 68.

NIRTZAH

CHASAL *sidur pesach k'hilchato, k'chol mishpato v'chukato. Ka-asher zachinu l'sadayr oto, kayn nizkeh la-asoto. Zach sho-chayn m'o-nah ko-maym k'hal adat miy manah. B'karov nahayl nitay chanah, p'duyim l'tziyon b'rinah.*

L'SHANAH HABA-AH BI-Y'RUSHALAYIM

Hebrew appears on page 76.

ADIR HU *yivneh vayto b'korov, bimhayrah bimhayrah b'yamaynu b'karov. Ayl b'nayh, Ayl b'nayh, b'nayh vaytcho b'karov.*

Bachur hu, gadol hu, dagul hu, yivneh vayto b'karov, bimhayrah bimhayrah b'yamaynu b'karov. Ayl b'nayh, Ayl b'nayh, b'nayh vaytcha b'karov.

Hadur hu, vatik hu, zakay hu, chasid hu, yivneh vayto b'karov, bimhayrah bimhayrah b'yamaynu b'karov. Ayl b'nayh, Ayl b'nayh, b'nayh vaytcha b'karov.

Tahor hu, yachid hu, kabir hu, lamud hu, melach hu, nora hu, sagiv hu, izuz hu, po-deh hu, tzadik hu, yivneh vayto b'karov, bimhayrah bimhayrah b'yamaynu b'karov. Ayl b'nayh, Ayl b'nayh, b'nayh vaytcha b'karov.

Kadosh hu, rachum hu, shada-i hu, takif hu, yivneh vayto b'karov, bimhayrah bimhayrah b'yamaynu b'karov. Ayl b'nayh, Ayl b'nayh. b'nayh vaytcho b'karov.

ECHAD MIY YO-DAYA. *echad aniy yo-daya. Echad Elohaynu shebashamayim uva-aretz.*

SH'NAYIM *miy yo-daya. Sh'nayim aniy yo-daya. Sh'nay luchot hab'rit, echad Elohaynu shebashamayim uva-aretz.*

SHLOSHAH *miy yodaya. Shloshah aniy yo-daya. Shloshah avot, sh'nayy luchot hab'rit, echad Elohaynu shebashamayim uva-aretz.*

ARBA *miy yo-daya. Arba aniy yo-daya, Arba imahot, shloshah avot, sh'nay luchot hab'rit, echad Elo'haynu shebashamayim uva-aretz.*

CHAMISHAH *miy yo-daya. Chamishah aniy yo-daya. Chamishah chum'shay Torah, arba imahot, shloshah ovot, sh'nay luchot hab'rit, echad Elohaynu shebashamayim uva-aretz.*

SHISHAH *miy yo-daya. Shishah aniy yo-daya. Shishah sidray mishnah, chamishah chum'shay Torah, arba imahot, shloshah avot, sh'nay luchot hab'rit, echad Elohaynu shebashsmayim uva-aretz.*

SHIVAH *miy yo-daya. Shivah aniy yo-daya. Shivah y'may shabta, shishah sidray mishnah, chamishah chum'shay Torah, arba imahot, shloshah avot, sh'nay luchot hab'rit, echad Elohaynu shebashsmayim uva-aretz.*

SH'MONAH *miy yo-daya. Sh'monah aniy yo-daya. Sh'monah y'may milah, shivah y'may shabta, shishah sidray mishnah, chamishah chum'shay Torah, arba imahot, shloshah avot, sh'nay luchot hab'rit, echad Elohaynu shebashsmayim uva-aretz.*

TISHAH *miy yo-daya. Tishah aniy yo-daya.*

Tishah yarchay laydah, sh'monah y'may milah, shivah y'may shabta, shishah sidray mishnah, chamishah chum'shay Torah, arba imahot, shloshah avot, sh'nay luchot hab'rit, echad Elohaynu shebashsmayim uva-aretz.

ASARAH *miy yo-daya. Asarah aniy yo-daya. Asarah dib'raya, tishah yarchay laydah, sh'monah y'may milah, shivah y'may shabta, shishah sidray mishnah, chamishah chum'shay Torah, arba imahot, shloshah avot, sh'nay luchot hab'rit, echad Elohaynu shebashsmayim uva-aretz.*

ACHAD ASAR *miy yo-daya. Achad asar aniy yo-daya. Achad asar koch'vaya, asarah dib'raya, tishah yarchay laydah, sh'monah y'may milah, shivah y'may shabta, shishah sidray mishnah, chamishah chum'shay Torah, arba imahot, shloshah avot, sh'nay luchot hab'rit, echad Elohaynu shebashsmayim uva-aretz.*

SH'NAYM ASAR *miy yo-daya. Sh'naym asar aniy yo-daya. Sh'naym asar shivtaya, achad asar koch'vaya, asarah dib'raya, tishah yarchay laydah, sh'monah y'may milah, shivah y'may shabta, shishah sidray mishnah, chamishah chum'shay Torah, arba imahot, shloshah avot, sh'nay luchot hab'rit, echad Elohaynu shebashsmayim uva-aretz.*

SHLOSHAH ASAR *miy yo-daya. Shloshah asar aniy yo-daya. Shloshah asar midaya, sh'naym asar shivtaya, achad asar koch'vaya, asarah dib'raya, tishah yarchay laydah, sh'monah y'may milah, shivah y'may shabta, shishah sidray mishnah, chamishah chum'shay Torah, arba imahot, shloshah avot, sh'nay luchot hab'rit, echad Elohaynu shebashsmayim uva-aretz.*

סדר ליל פסח

PARTICIPATED
IN THE SEDER:

השתתפו
בליל הסדר:

YEAR:＿＿＿＿＿＿＿ :שנה

＿＿＿＿＿＿＿＿＿＿＿   ＿＿＿＿＿＿＿＿＿＿＿

＿＿＿＿＿＿＿＿＿＿＿   ＿＿＿＿＿＿＿＿＿＿＿

＿＿＿＿＿＿＿＿＿＿＿   ＿＿＿＿＿＿＿＿＿＿＿

＿＿＿＿＿＿＿＿＿＿＿   ＿＿＿＿＿＿＿＿＿＿＿

＿＿＿＿＿＿＿＿＿＿＿   ＿＿＿＿＿＿＿＿＿＿＿

＿＿＿＿＿＿＿＿＿＿＿   ＿＿＿＿＿＿＿＿＿＿＿

YEAR:＿＿＿＿＿＿＿ :שנה

＿＿＿＿＿＿＿＿＿＿＿   ＿＿＿＿＿＿＿＿＿＿＿

＿＿＿＿＿＿＿＿＿＿＿   ＿＿＿＿＿＿＿＿＿＿＿

＿＿＿＿＿＿＿＿＿＿＿   ＿＿＿＿＿＿＿＿＿＿＿

＿＿＿＿＿＿＿＿＿＿＿   ＿＿＿＿＿＿＿＿＿＿＿

＿＿＿＿＿＿＿＿＿＿＿   ＿＿＿＿＿＿＿＿＿＿＿

＿＿＿＿＿＿＿＿＿＿＿   ＿＿＿＿＿＿＿＿＿＿＿

סדר ליל פסח

| PARTICIPATED
IN THE SEDER: | השתתפו
בליל הסדר: |

YEAR:＿＿＿＿＿ :שנה

＿＿＿＿＿＿＿＿＿＿＿ ＿＿＿＿＿＿＿＿＿＿＿

＿＿＿＿＿＿＿＿＿＿＿ ＿＿＿＿＿＿＿＿＿＿＿

＿＿＿＿＿＿＿＿＿＿＿ ＿＿＿＿＿＿＿＿＿＿＿

＿＿＿＿＿＿＿＿＿＿＿ ＿＿＿＿＿＿＿＿＿＿＿

＿＿＿＿＿＿＿＿＿＿＿ ＿＿＿＿＿＿＿＿＿＿＿

＿＿＿＿＿＿＿＿＿＿＿ ＿＿＿＿＿＿＿＿＿＿＿

YEAR:＿＿＿＿＿ :שנה

＿＿＿＿＿＿＿＿＿＿＿ ＿＿＿＿＿＿＿＿＿＿＿

＿＿＿＿＿＿＿＿＿＿＿ ＿＿＿＿＿＿＿＿＿＿＿

＿＿＿＿＿＿＿＿＿＿＿ ＿＿＿＿＿＿＿＿＿＿＿

＿＿＿＿＿＿＿＿＿＿＿ ＿＿＿＿＿＿＿＿＿＿＿

＿＿＿＿＿＿＿＿＿＿＿ ＿＿＿＿＿＿＿＿＿＿＿

＿＿＿＿＿＿＿＿＿＿＿ ＿＿＿＿＿＿＿＿＿＿＿

סדר ליל פסח

PARTICIPATED IN THE SEDER:	השתתפו בליל הסדר:

YEAR:_____ שנה:

_____ _____

_____ _____

_____ _____

_____ _____

_____ _____

_____ _____

YEAR:————————— שנה:

_____ _____

_____ _____

_____ _____

_____ _____

_____ _____

_____ _____